KB031151

나쁜 그녀들의 심리학

WORKING WITH MEAN GIRLS by Meredith Fuller

Copyright © Meredith Fuller 2012
Korean translation rights © 2013 Maks Publishing Co., Ltd.
Korean translation rights are arranged with Penguin Group Australia through AmoAgencyKorea.
All rights reserved.

이 책의 한국어판 저작권은 아모 에이전시를 통해 저작권자와 독점 계약한 ㈜맥스퍼블리싱(맥스미디어)에 있습니다. 신 저작권법에 의해 한국 내에서 보호를 받는 저작물이므로 무단 전재와 무단 복제를 금합니다.

나쁜 그녀들의 심리학

메레디스 풀러 지음
이현정 옮김

맥스media

산드라에게, 사랑과 존경을 가득 담아서

혹시 '퀸카로 살아남는 법(Mean Girls, 2004)'이라는 영화를 보았다면, 영화 전반에 깔린 미묘한 감정을 읽어내며 웃고 울었던 기억이 있을지 모르겠다. 아마 대부분의 여성들은 학창시절에 영화에서나 봤을 법한 '나쁜 그녀'를 겪은 경험이 있을 것이다. 그녀로부터 짓궂은 놀림을 당했다거나, 소위 '잘나가는' 그룹에 속하는 친구가 그렇지 못한 친구를 홀대하는 것을 보았다거나 하는 경험 말이다.

그렇다면 학창시절의 그녀들은 커서 어떻게 되었을까? 일부는 개과천선했다. 하지만 나머지는 학교에서의 못된 행동을 버리지 못하고 그대로 직장으로 옮겨와 끊임없이 반복했다.

그녀들의 행동은 너무나 교묘하고 약삭빠르다. 자신의 악의를 착하고 예의 바른 행동으로 감쪽같이 포장하고는, 오히려 피해자인 당신을 직장 내 권력 다툼이나 즐기는 한심한 사람으로 전락시킨다. 그 행동 패턴이 너무나 앙큼한 나머지 잘 드러나지도 않는다. 결국 아무도 무슨 일이 있었는지조차 모르고 지나가는 게 다반사다.

자매처럼 가까워야 할 직장 동료 사이이거늘, 그녀가 설마 나를 골탕먹이려고 일부러 못되게 군다고는 믿고 싶지 않다. 우선 '혼자 힘으로 해결할 수 있을 거야'라고 마음먹는다. 더군다나 평소 두터운 동료애를 바탕으로 최고의 실적을 내왔다고 자부해온 당신이다. 그저 직장 동료 간의 사소한 충돌이거나 대화가 잘 통하지 않았을 뿐이라고 스스로 타일러 본다. 하지만 여전히 그녀와의 문제가 해결되지 않고, 부작용이 눈덩이처럼 불어나 감당하기가 버거운 지경에 이른다.

사람들은 직장에서 여직원끼리는 으레 단합이 잘 될 것이라고 믿는 경향이 있다. 그래서 그녀에게 당한 피해자는 자신이 소심해서 회사 생활에 적응하지 못한다고 생각한다. 그녀의 냉랭한 태도를 참지 못하는 걸 자신의 여린 성격 탓으로 돌리는 것이다.

그런가 하면 몇몇 사람은 자신이 아직도 학창시절 때처럼 못된 그녀에게 당하기만 하는 못난이라고 자학하기도 한다. 아물지 않은 가슴속의 상처가 다시 스멀스멀 올라오는 걸 느끼고, '또 그때처럼 반복되는구나' 하고 걱정한다. 이제는 성인이 된 옛 친구에게도 좀처럼 털어놓기 민망하다. 그런데 아무리 생각해도 정작 당신은 동료에게 이런 취급을 당할만한 짓을 한 게 없다.

직장의 모든 여자 동료들과 잘 지낼 수는 없다는 걸 당신은 안다. 하지만 다른 동료의 허튼소리에는 웬만해선 꿈쩍도 안 하는 당신이 몇몇 특정 사람의 말에는 왜 그렇게 깊은 상처를 받는 걸까? 게다가 다른 동료의 어이없는 행동은 그냥 웃어넘기면서 그녀의 행동만은 왜 온화하게 받아들일 수 없는 걸까?

필자는 심리학자로서 직업에 관련된 개인 상담과 여러 기관의 심리상담을 해왔다. 호주 전역의 기업 중역들을 상대로 직업 발달 분야의 전문 상담사로 명성을 쌓았고, 호주 심리학협회Australian Psychological Society

의 미디어 대변인으로서 심리학적 문제에 관한 각종 인터뷰를 해왔다. 그렇게 지난 30년간 개인과 단체의 구분 없이 수많은 사람들을 대상으로 일했다. 20대에서 60대 중반까지, 다양한 직업군에 걸친 직장인이 필자의 고객이었다. 성별로 구분하자면 그중 약 2/3가 여성, 나머지가 남성이었다.

필자를 보러 오는 직장 여성이 대부분 겪는 문제는 크게 두 가지였다. 첫째는 직장 상사, 동료, 부하 직원으로부터 투명 인간 취급을 받거나, 무시당하며, 상처를 입는 것이다. 둘째는 직업이 적성에 맞지 않아 어찌할 바를 모르겠다는 거였다. 대부분 이 두 가지 문제가 복합적으로 얽혀 있었다.

그런데 직장 동료와 갈등을 겪는 대부분의 여성들은 먼저 여성 동료와의 관계를 걱정하고 있었다. 자신을 무시하고 헐뜯는 그녀의 행동이 직장 생활에 커다란 스트레스로 작용한다는 것이다. 대부분 혼자 끙끙

대고 있다가 결국엔 필자와 같은 전문가의 도움을 받았다. 직장에서 여성 직원에게 괴롭힘을 당한다는 것이 타인에게 선뜻 털어놓기 힘든 문제였다.

그래서 필자는 좀처럼 표면화되지 않는 '직장에서의 여성 문제'를 연구하기로 마음먹었다. 우선 서로 만난 적이 없는 다양한 직종과 연령대의 여성들로 초점 집단Focus Group(유사한 타깃 집단에 속한 사람들로 이루어진 집단)을 구성하여 만남을 시도했다. 초면이라 본격적인 대화가 시작되기까지 많은 시간이 걸릴 것이라 예상했다. 하지만 그건 착각이었다. 모두 자리에 앉자마자 한바탕 열띤 토론을 펼치는 것이 아닌가. 대화를 시작해도 좋다는 말이 떨어지기가 무섭게 모두 이때라는 듯, 여태껏 자신을 소리 없이 괴롭혀온 '그녀' 이야기를 쉴 새 없이 쏟아냈다. 이들 중 상당수가 말하기를, 그녀의 괴롭힘은 자신의 잘못이라고 혼자서만 착각하고 있었다는 것이다.

그 후 이들의 대화 내용을 적은 노트를 분석했다. 그리고 그 내용에 대해 친구와 동료들과 이야기해보았다. 나아가 여러 소셜 미디어와 회원제로 운영되는 다양한 단체에 익명의 설문지 작성과 인터뷰를 요청했다. 심지어는 연구에 대한 소문을 듣고 직접 전화를 걸어 상세한 경험담을 풀어놓는 사람도 있었다.

이 책에서는 16세에서 85세까지 다양한 연령대의 여성들이 직장에서 실제 겪은 '그녀 문제'에 대한 진실을 낱낱이 밝히고 있다. 이들은 자신이 마치 사냥을 당하는 힘없는 사슴마냥 온 몸이 뻣뻣이 굳는 끔찍한 기분을 느꼈다고 고백했다. 결국엔 자신의 피를 빠는 것 같은 그녀에게서 벗어나고자 병가, 나아가 사직서를 내기도 했다. 심지어 종업원 상해보험 수당으로 일 년 정도 생활을 이어간 사람도 있었다. 또 결혼의 실패를 맛보기도 했다. 직장을 그만두거나 연봉이나 직급이 더 낮은 일자리로 전환한 경우도 있었다.

꽤 많은 사람들이 직장에서 만난 그녀 때문에 강의를 듣거나 책을 보고, 상담사를 찾아가는 등의 노력을 기울였다. 같은 문제를 공유하는 친구나 직장 동료와 팀을 짜서 서로 격려하기도 했다. 앞으로 다시는 그녀에게 당하지 않기 위해 예방접종을 한 셈이다. 그리고 이들 중 상당수가 이제는 괴로웠던 옛일을 그냥 웃어넘길 수 있게 되었다.

그들은 '그녀 문제'를 공유하고 이해하는 사람과의 대화가 나쁜 그녀를 대처하는 데 매우 중요하다고 강조했다. 이들 대부분은 진작부터 타인의 도움을 받았더라면 좋았을 거라고 입을 모아 강조했다.

이 책에 소개된 직장 여성들은 시간이 지나면서 그녀에게 입은 상처가 점차 아물게 되었다고 말했다. 물론 이들 중 몇몇은 화나고 억울한 감정을 계속 떠안고 가기는 했지만, 그래도 직장에서 나쁜 그녀를 알아채고 대처하는 능력은 커졌다고 한다.

나쁜 그녀와 부딪치는 것은 직장 여성에게 분명 고역일 것이다. 하지만 이제 더 이상 그녀의 행동을 참아야 할 이유가 없다. 동료를 괴롭히고, 상처 주며, 혼란에 몰아넣는 그런 몹쓸 행동도 말이다.

이렇게 책을 내기까지 자신의 경험담을 솔직하게 밝혀준 모든 분께 감사드린다. 자신의 힘든 과거를 선뜻 털어놓기가 쉽지는 않았을 것이다. 이 책은 나쁜 그녀로부터 당신 자신을 보호하려는 데 그 집필 의도가 있다. 학창시절을 지나 성인이 되어 직장에서 또 만나게 되는 그녀들. 이 문제는 이제 전면에 드러낼 필요가 있다. 이 책을 통해 그녀의 괴롭힘으로부터 당신 자신을 현명하게 지켜낼 수 있으리라 믿는다.

메레디스 풀러

| 차례 |

2장 나쁜 그녀들의 심리 • • • 177

3장

직장에서 살아남는 방법 • • • 233

1장

나쁜 그녀들의 8가지 유형

내 옆자리에 앉은 그녀는 어떤 유형일까?

당신이 어떤 직종에 있든 나쁜 그녀는 어디에나 존재한다. 필자는 애견 미용사, 경제학자, 점포 주인, 관리자, 상담사, 최고경영자, 은행원, 바리스타, 방송국 PD, 응급 구조원, 학자, 비서, 미화원, 심리학자, 언론인, 과학자, 교사 등 수없이 다양한 직종의 여성들과 이야기를 나누었다. '그녀'에게 시달린 상담자들은 회사의 간부이든 샴푸를 파는 점원이든 두려움에 떠는 가엾은 존재로 전락해 있었다.

인간은 예의 바르고 반듯하게 행동하지만은 않는다. 오히려 그 반대다. 엉망진창이고, 이해하기 힘들 때가 더 많다. 그러니 여러 사람들과 함께 일한다는 건 결코 쉬운 일이 아니다.

인간의 행동을 정확한 잣대로 분류하기는 어렵다. 하지만 '골목대장'이라던가 '완벽주의자'가 정확히 어떤 종류의 사람을 일컫는지는 누구나 알 것이다. 대인관계에서 나타나는 특징적인 행동으로 그 사람을 파악할 수 있기 때문이다. 따라서 그녀의 행동을 정확히 '이렇다'고 정의내리기는 어렵더라도, 비슷한 행동을 묶어서 여러 유형으로 나누어 볼 수는 있다.

그녀의 유형을 잘 알아둔다면 함께 일하기가 한결 수월해질 것이다. 그녀를 다루는 데 능숙해질 테니까. 앞으로 그녀의 손아귀로부터 당신 자신을 보호하는 방법을 차차 배워보기로 하자.

당신과 함께 일하는 그녀가 앞으로 소개될 유형 중 한두 가지 정도의 항목에 근접하다는 것을 알 수 있다. 그녀를 완벽하게 설명해줄 어떤 한 유형을 찾을 필요는 없다. 해당되지 않는 유형을 하나하나 삭제하다 보면 그녀가 어떤 타입인지 저절로 깨닫게 될 것이다.

당신이 만난 그녀는 어느 한 유형에 속할 것이다. 물론 어떤 여성은 여러 유형에 동시에 속하기도 한다. 예를 들어 '공주병에 걸린 그녀'가 거짓말을 할 수도 있다. 하지만 잘 생각해보면 그녀가 자기애에 푹 빠져 있는 시간이 거짓말을 하는 시간보다 많을 것이다. 이렇게 그녀를 어떤 유형으로 정의할 때는 그녀를 가장 대표적으로 설명하는 행동을 중심으로 생각하면 된다.

이 책을 위해 설문에 응해준 200명 이상의 여성들의 경험과 지난 30년간 축적된 나의 상담 경험을 바탕으로 그녀들을 8가지 유형으로 나누었다. 그리고 각각의 그녀들을 가장 잘 설명할 수 있는 행동에서 그 명칭을 따왔다.

- 왕따 시키는 그녀
- 불안한 그녀
- 얍삽한 그녀
- 공주병 있는 그녀
- 소리 지르는 그녀
- 거짓말하는 그녀
- 무능력한 그녀
- 나쁜 여자로 오해받는 그녀

그녀들에게는 한 가지 공통점이 있다. 다양한 사람과 어울리는 방법을 잘 모른다는 것이다. 어떤 여성은 특정한 부류의 사람하고만 문제가 생겨서, 그럴 때만 자신의 못된 성질을 드러내기도 한다.

위의 유형은 상대방에게 상처를 많이 주는 순서로 나열되었다. 따라서 가장 위에 있는 '왕따 시키는 그녀'의 피해가 가장 크다고 보면 된다. 직장에서 따돌림을 당하면 이를 개인적인 악감정으로 받아들일 수밖에 없기 때문이다.

반면, 비교적 낮은 순위에 있는 '무능력한 그녀'를 살펴보자. 그녀와 일하는 대부분의 사람들은 그녀가 무능력하다는 것 정도는 진작 알아차리고 있을 것이다. 실제로 직장에서 '무능력한 그녀'가 공격을 할 때 그걸 개인적인 악감정으로 보기는 어렵다. 그저 자신이 잘 알지도, 제대로 할 줄도 모르는 일에 대해서 그렇지 않은 척 깜찍하게 연기하는 경향이 있을 뿐이다.

이보다 더 낮은 단계의 '나쁜 여자로 오해받는 그녀'도 있다. 이런 유형은 대개 일 중독인 경우가 많다. 대부분 퉁명스럽고 사람들에게 별로 인기가 없다. 하지만 그저 묵묵히 일만 하기 때문에 사실 나쁜 여자라고 보기는 어렵다.

당신이 도저히 본모습을 파악할 수 없는 그녀로 인해 직장에서 고통받고 있다면 이 책이 큰 도움이 되리라 믿는다. 이 책을 통해 그녀의 행동 유형을 알게 될 테니까.

이 책에 실린 충고를 잘 이해한다면 자신을 보호하기가 한결 쉬워질 것이다. 나아가 아무리 참기 힘들고 끈질긴 행동일지라도 가끔 일어나는 해프닝 정도로 무마시킬 수도 있다. 그녀의 행동을 웃어넘기는 단계에 있다면, 당신은 이제 그 마수로부터 완전히 해방된 것이다.

01

"내가 투명 인간은 아니잖아?"

: 왕따 시키는 그녀들

처음 출근한 날, 자신을 소개하는 자리에서 이브는 당신을 위아래로 싸늘하게 훑어본다. 그리고는 낮은 목소리로 "안녕하세요" 한 마디만 툭 던지고 걸음을 재촉한다. 그녀는 당신이 누구인지 아는 데 별 관심이 없나 보다.

이브를 보고 있자니 학교에서 봤던 소위 '잘나가는 애들'이 생각난다. "그것도 몰라?" 하며 툭 내뱉는 짧은 말투, 무관심한 표정까지. 이브는 당신의 존재를 인정하지 않는 것 같다. 복도에서 마주쳐도 당신 쪽으로는 고개도 까딱하지 않고 웃는 시늉조차 하지 않는다. 어쩌다가 둘 다 회의실에 일찍 도착하면 그녀는 일부러 창가 쪽으로 슬그머니 빠져서 친한 동료가 올 때까지 하염없이 창밖만 내다본다. 회의 도중 당신이 의견이라도 제시하면 그녀는 파리 한 마리 쫓아내는 듯 귀찮은 얼굴을 한 번 쓱 문지르며 작게 한숨을 내쉰다. 그리고는 보란 듯이 테이블 저편만 뚫어지게 쳐다보는 것이다.

또 이런 경우는 어떨까. 직장 동료인 엘렌도 당신과 같이 승진을 신청했다. 그런데 당신만 승진되었다. 그동안 직장에서 동료들과 돈독한 관계를 유지해온 당신. 그래서 엘렌이 처음엔 좀 실망해도 며칠 지나면 극복할 거라고 가볍게 생각한다.

그런데 그 이후로 그녀가 이상하다. 당신에게 말도 안 붙이고, 심지어 눈도 안 마주친다. 회의 때 당신이 그녀에게 의견을 물어보면 "그건 그쪽이 결정해야 하는 거 아닌가요? 그러려고 그 월급 받잖아요"라고 중얼거리기까지 한다. 그리고는 뚱하니 창밖만 내다본다.

처음에는 그런 그녀가 살짝 안쓰럽다. 그래서 그녀가 다음 승진 기회를 잡도록 도우리라 마음먹는다. 도와줄 게 없느냐고 친절하게 물어보기까지 한다. 그런데도 개선의 여지가 전혀 없어 보이는 그녀. 최후의 수단으로 그런 퉁명한 태도는 프로답지 못하다고 좋은 말로 타이른다. 엘렌의 비협조적인 태도에 당신은 '이제부터 그녀의 업무를 일일이 모니터해야 하는 건가?' 하는 걱정까지 밀려온다.

또 다른 직장 동료인 에리카도 당신과 같은 직급으로 승진 신청을 하려 했었다. 하지만 왠지 준비가 미흡한 것 같아 관두었다. 그런데 지금 보니 승진한 당신이 급격히 변화된 사내 분위기에 적응하느라 허둥대는 것처럼 보이는 거다. 그걸 본 에리카는 '승진을 신청하지 않은 게 천만다행이군!' 하며 가슴을 쓸어내린다.

게다가 에리카는 동료였던 엘렌과 당신 사이에 껴서 마음이 여간 불편한 게 아니다. 도대체 누구 편을 들어야 하는 건지 헷갈리기 시작한다. 그런데 그때 엘렌이 에리카에게, 이제부터 당신은 신경 쓰지 말고 자기랑 잘 지내자고 넌지시 떠보는 게 아닌가. 마침내 에리카는 엘렌 편에 서기로 결정했다. '혹시 나도 따돌림을 당하면 어쩌지?' 하는 불안감이 앞섰던 것이다.

그 뒤로가 정말 가관이다. 당신이 승진해서 유세를 떤다고 대놓고 킥킥거린다. 게다가 '언제 회사를 그만두나 두고 보자' 하며 벼르기까지 한다. 이걸 지적하면 에리카는 절대로 그런 적이 없다고 펄쩍 뛴다. 오히려 당신이 너무 민감한 거 아니냐는 식이다.

이쯤에서 엘렌과 에리카의 행동을 분석해보자. 그들은 타깃이 된 당신을 무시하고 투명 인간 취급한다. 한마디로 '왕따'를 시키는 것이다. 상대방의 자존심을 뭉개고 비참하게 만든다. 당신하고는 아무것도 하지 않겠다는 태도다. 말이라도 걸면 싸늘한 침묵만 되돌아올 뿐이다.

좀 더 교묘한 방법도 있다. 점심시간에 당신이 동료들과 떨어져 혼자 남도록 온갖 수를 다 쓴다. 그러다 보니 동료들과의 정보교환에서 멀어지는 당신. 이렇게 정보교환에서 제외되니 당신이 직장에서 힘을 잃어가는 게 당연하다.

지금부터 소개할 이야기는 직장에서 '왕따 시키는 그녀'에게 당한 여성들의 실화다. 당신이 직장에서 겪은 일과 비슷한지 한번 살펴보기 바란다.

바베트, 여, 40세, 부동산 개발업자

캐롤린은 제 옆방에서 일했어요. 그녀는 지난 4년 동안 제게 말을 건다거나 눈을 마주치지 않았어요. 그러면서 다른 직장 동료 앞에서는 자기가 무슨 사교계의 여왕이나 된 것처럼 굴었죠.

한번은 우연히 캐롤린이 책임을 진 일에 제가 끼어들게 되었어요. 그랬더니 저한테 심한 말을 막 퍼붓더라고요. 물론, 개인적인 감정이 아니라 업무 때문에 정당하게 그러는 것처럼 포장했지만요. 깜찍하게도, 사람들이 있는 곳에서 멀리 떨어진 조용한 복도에서 퍼부었기 때문에 아무도 이걸 못 들었어요.

어느 날은 중요한 분과 회의를 하는데 제가 하는 말에 대놓고 반박을 하는 거예요. 제 눈도 안 쳐다보고, 심지어 제가 그 자리에 있다는 것조차 무시하는 태도였어요.

전 아무 대처도 할 수 없더라고요. 그냥 참았어요. 그때 제가 정말 힘들었던 건, 당시 직장에서 친한 동료가 별로 없었다는 점이에요. 그래서 아마 처음부터 제가 타깃이 되지 않았나 싶어요.

프리아, 여, 49세, 현직 바리스타

그녀는 제가 로펌에 출근한 첫날부터 기분 나쁘고 냉랭하게 굴었어요. 심지어 인사도 안 했어요. 대화다운 대화를 해본 적도 없고요. 아예 제가 없는 것처럼 행동했다니까요. 저와 눈도 안 마주쳤죠. 말을 걸 일이 생기면 제가 아니라 제 옷을 보고 말하는 것 같았어요.

그렇게 일주일쯤 되었을까. 그녀가 상사의 허락도 없이 비서한테 제 앞으로 오는 예약은 받지 말라고 했다는 거예요. 제가 고객을 받지 못하게 한 거죠. 나중에 상사가 왜 그랬냐고 그녀에게 따졌더니 오히려 엄청 당당하게 굴었대요. 저보다 이 회사에서 더 오래 있었다나 뭐라나. 겨우 6개월 먼저 입사했으면서 말이에요.

상황이 이러니 그녀 때문에 회사 생활이 힘들었죠. 정말 작은 회사여서 사무실에는 저와 그녀, 상사, 이렇게 세 명밖에 없었거든요. 결국 상사가 부재중일 때 저는 이야기할 상대가 없게 되었어요.

로펌에서 일하다 보면 문제를 같이 의논할 수 있는 동료가 있는 게 얼마나 큰 도움이 되는지 몰라요. 까다로운 사건이나 고객 문제를 같이 검토하는 것도 중요하고요. 그런데 그녀는 저와 일감을 나누면 아무래도 자기 보너스 액수에 영향이 미칠 걸로 생각했던 거예요.

아마 그녀가 개인적으로나 일 관련으로나 저를 좀 질투했던 것 같아요. 태도가 정말 이상했거든요. 제가 그 자리에 있는 것만으로도 짜증이 났나 봐요. 전 진심으로 친해지려 노력했는데……

한번은 제가 영화를 보러 가자고 해서 같이 갔던 적도 있어요. 그런데 일터로 돌아오자마자 금방 본 모습으로 돌아가는 거예요. 또 그녀가 채식주의자라서 생일 때 제가 야채 케이크를 만들어 회사에 가져가기도 했었죠. 그런데도 꿈쩍 않더군요. 물론 대화하려는 시도는 항상 했고요.

결국에는 다 포기해버렸어요. 어쩔 도리가 없었거든요. 뭐, 저랑은 말도 안 하니까. 출근 때도 퇴근 때도 인사를 아예 안 했어요. 그야말로 침묵만이 흘렀죠. 사직서를 내기 석 달 전부터는 저랑 한마디도 안 했어요. 그런데도 상사는 아무 눈치도 못 채더라고요. 상사한테 그만둔다고 말하면서, 사실은 이 문제 때문에 그만두는 게 크다고 하니까 너무 놀라는 거예요. 하기야, 제 상사도 시간제로 근무하는 사람이라 몰랐을 수도 있었겠지만요.

지금 회사를 떠나고 보니, 회사 밖에서 다른 관계로 만났었더라면 그녀와 좀 더 친해질 수 있지 않았을까 하는 생각도 들어요. 저는 굉장히 개방적이고 사교적이라 누구와도 금방 친구가 되는 편이거든요. 이런 대접을 한 사람은 그녀가 처음이었어요. 제가 그렇게 노력했는데도 마음을 얻지 못했다는 게 놀랍고 안타까워요.

자신감 있고 직업에 안정을 느끼는 사람은 그녀처럼 행동하지 않을 거예요. 일을 하다 보면 저를 전혀 모르는데도 도와주는 사람이 정말 많아요. 다들 성공했고, 독립적이며, 행복한 사람들이에요. 주변 사람들에게 위협 따윈 느끼지 않죠. 제 생각엔 일 욕심이 많은 여자들의 경쟁 심리가 가장 큰 문제인 거 같아요.

프리아는 동료인 캐롤린의 마음을 얻기 위해 많은 노력을 했다. 그러나 결과는 참패였다. 캐롤린은 타깃인 프리아를 상대할 가치가 없다고 생각한 것이다. 이는 '왕따 시키는 그녀'의 전형적인 행동이다. 프리아가 회사를 그만둔 건 사실상 최선의 선택이었다.

여기서 주목할 점이 있다. 주변 사람들 모두 이 문제에 대해 까맣게 몰랐다는 사실이다. 특히 남자 직원은 여자들 사이의 왕따 문제를 눈치채지 못하는 경향이 있다. 여자들 사이에 형성되는 친밀감은 남자들 간의 동료애와는 다르기 때문이다.

카라, 여, 45세, 방송국 직원

제가 그런 식으로 당할 거라고는 전혀 예측하지 못했어요. 왜냐하면 전 그녀의 직속 상사였거든요. 그녀의 입장을 대변하고 항상 격려해주곤 했죠. 뭐든지 기회를 주려고 노력했고, 남자 직원이 억울한 소리라도 하면 대신 가서 따져줬어요. 종종 같이 커피를 마시며 제 업무에 대해서도 모두 이야기해줬고요. 어차피 평생 붙들고 있을 자리라고 생각하지 않았거든요. 그게 정말 실수였어요!

직책을 옮기면서 저는 상사에게 그녀를 제 자리에 대신 앉혀 달라고 요청했어요. 그러겠다고 하더군요. 그런데 그 후, 믿을 수 없는 일이 벌어졌어요. 이제는 제가 그녀에게 일일이 보고해야 하는 입장이 된 거예요. 무슨 프로젝트를 시작하려면 그녀의 허락부터 받아야만 했죠.

그런데 그녀에게 다가가기만 하면 무시당하는 기분이었어요. 제 의견 따위는 귀찮다는 듯이 무시했거든요. 자기는 지금 훨씬 중요한 일을 하고 있으니 이야기할 시간이 없다고 으르렁댔죠. 분명히 '훨씬 중요한 일'이라는 말을 썼어요. 3주 내내 뭐가 그리 바쁜지.

결국엔 제 직장 생활이, 음…… 매우 한가로워졌어요. 제가 어떤 일도 하지 못하게 바리케이드를 친 셈이죠. 어떤 일을 맡아서 시작하려고만 하면 무슨 꼼수를 써서라도 막은 거예요. 다른 상사와도 잘 지내지 못하게 하고요. 아무튼 제게 기회가 생기면 무조건 막고 보는 거였어요. 그녀가 그 자리에 있는 동안 제 업무는 완전히 정체되고 말았어요. 급기야는 회사를 그만두는 것까지 고려했죠. 그런데 다행히 그녀가 승진해서 다른 부서로 옮기게 된 거예요! 그제야 숨을 쉴 수가 있더군요. 그녀가 떠나자마자 저는 바로 승승장구했어요.

아, 그녀가 남자 직원한테는 어떻게 굴었는지 얘기했던가요? 그녀 팀에 젊은 남자 직원이 두 명 있었는데, 그 둘의 자리에만 갔다 하면 몇 시간은 앉아 있더라고요. 완전히 반한 것 같은 표정으로 수다를 떨어댔죠. 그뿐인가요. 남자 감독관이 있었는데, 그분의 사무실에만 가면 손가락으로 머리카락을 꼬아대며 애교를 부리곤 했어요.

그녀가 정말 친하게 지내는 여직원도 두 명 있었어요. 그 둘은 그녀보다 한 세대 아래라서 그다지 위협을 느끼지 않은 모양이에요. 그런데 그 둘도 또래 여직원 사이에서 악랄하기로 소문나 있었어요. 잘난 척하고, 남의 일에 훼방 놓는 걸로 유명했죠. 그녀가 자기와 같은 악랄한 여자들을 거느리다니. 어찌 보면 좀 뜬금없기는 한데, 실제로 그랬어요.

그녀가 왜 그랬는지 아세요? 질투와 경쟁심, 병적으로 남자 직원에게 잘 보이고 싶은 마음 때문이었어요. 그녀는 제가 유능하다는 걸 잘 알고 있었거든요. 그래서 제 위에서 군림하는 매니저가 되고 싶었던 거죠.

그녀가 저를 위협적으로 느낀 게 이해는 가요. 제가 그녀의 선임이었고, 그 역할을 전 아주 훌륭하게 해냈었으니까요.

제 생각은 이래요. 그녀는 '엘렉트라 콤플렉스Electra Complex' 때문에 심리적인 성장이 멈춰 있다고요. 이 콤플렉스는 여성이 영원히 아빠한테 매달려서 엄마나 다른 여성을 적대시하는 상태를 가리키잖아요.

그래도 전 나름대로 그녀를 대처하는 방법을 궁리했어요. 제 심리 상담사가 그녀의 무기는 교묘함이니, 저는 투명함으로 맞서야 한다고 충고했거든요. 한 예를 들게요. 그녀가 제게 보고를 할 때면 항상 태도가 일방적이었어요. 그래서 저는 보고를 듣고 그녀가 정확히 무엇을 원하는 건지 더 자세히 설명해달라고 이메일을 보냈죠. 그렇게 계속 고집을 부렸더니 이제는 이메일로 상세한 보고를 써서 보내더군요. 보고 내용에 대한 증거를 확보하는 셈이잖아요. 그제야 더 이상 누가 무엇을 잊어버리고 못했는지에 대한 언쟁이 생기지 않게 되더라고요.

'왕따 시키는 그녀'가 카라를 무시한 이유는 크게 두 가지였다. 카라가 자신에게 쓸모없다고 생각했거나, 혹은 그녀를 위협적으로 느꼈기 때문이다.

카라는 그런 상황을 비껴갈 방법을 잘 설명하고 있다. 바로 이메일을 적극 활용한 것이다. 모든 것을 이메일로 써서 보내면 시간이 걸리기는 하겠지만, 이메일을 교환하는 게 오해의 소지를 줄일 확률이 높아 장기적으로 보면 더 이롭다.

당신을 철저하게 무시하는 그녀의 행동 유형

- '왕따 시키는 그녀'의 태도는 무척이나 차갑다. 숨기지도 않고 대놓고 무시하겠다는 의도다.
- 당신을 보면 그냥 지나치지만, 다른 동료한테는 웃으며 '안녕하세요?' 하고 인사한다.
- 당신이 말을 걸면 못 들은 척한다.
- 방에 같이 있는데도 당신이 있다는 걸 모른 척한다.
- 메모를 일부러 전해주지 않는다.
- 회사 내 주요 사항을 당신에게만 전달하지 않는다.
- 회의 날짜나 시간이 변경된 것을 알려주지 않는다.
- 동료들과 활발히 이야기하다가도 당신만 방에 들어오면 갑자기 뚝 멈춘다.
- 가끔 당신과 눈이 마주치면 "뭘 그렇게 쳐다봐?" 하고 비아냥거리고는 기분 상하는 말을 덧붙인다.
- 대화 도중에 당신의 이름이 언급되면 눈을 굴리거나, 비웃음을 흘리거나, 자존심 상하는 말을 한다.
- 회의 도중에 당신이 말하면 숨죽여서 킥킥대거나, 같이 왕따 시키는 다른 동료와 눈을 맞추며 얼굴을 찡그린다.

- 당신이 다른 사람에게 전해주라고 했던 중요한 사항은 '까먹고 못 했다'고 하고, 전달해주라고 부탁한 물건은 '실수로 잃어버렸다'고 한다.
- 당신이 부탁했던 메시지를 왜 못 전했냐고 따지면 "어머, 내 정신 좀 봐. 깜빡 잊어버렸네. 그렇게 사소한 일까지 어떻게 다 기억해" 하며 변명한다.
- 자신의 업무에 도움이 안 되는 사람과는 전혀 친해지려고 하지 않는다.
- 만약 당신의 도움이 필요하면 둘 사이에 아무 일도 없었다는 듯이 천연덕스럽게 말을 건다.

'왜 왕따를 시키는 것일까?' 그녀의 심리

그녀가 왕따 시키는 이유에는 크게 세 가지 원인이 있다. 이를 가능한 한 자세히 알아두자. 그래야 '왕따 시키는 그녀'로부터 자신을 보호할 수 있다.

원인 1 상처를 입었기 때문이다

이쯤에서 짚고 넘어갈 중요한 사항이 있다. 상사나 동료로부터 왕따 당하는 느낌을 받고 있는 당신. 혹시 일에 너무 몰두한 나머지, 업무 이외의 것에 소홀했던 건 아닐까? 실제로 당신이 느끼는 따돌림이 우연한 해프닝일 수 있는데도 말이다. 아니면 당신이 의도치 않게 그녀에게 상처를 주거나 기분을 상하게 한 적은 없었는지? 만약 그랬다면 그녀는 당신을 철저하게 배척하기 위해 왕따 시킬 수도 있다.

여성이 자신이 받은 상처와 분노에 대처하는 방법은 크게 두 가지다. 첫 번째는 이에 대해 곱씹는 것이다. 두 번째는 자신의 상처에 대한 다른 사람의 반응을 살피는 것이다. 이 책의 〈2장, 사고형vs감정형〉에서는 이 두 가지 대처 방법이 의사소통과 의사결정 과정에서 어떻게 적용할 수 있는지에 대해 다룰 것이다. 이 두 가지 방법을 잘 알아두면 '왕따 시키는 그녀'에 대처하는 데도 큰 도움이 될 것이다.

원인 2 당신을 싫어하거나, 당신이 필요하지 않기 때문이다

'왕따 시키는 그녀'는 여직원과의 관계에서 자신에게 도움이 되는지 안 되는지를 따져 기계적으로 대하는 경향이 있다. 개인적인 친분을 쌓아둘 필요가 없다고 판단되는 동료는 월급 도둑 취급을 한다. 심지어 회사에서 힘이 없는 동료는 일부러 피하기도 한다. 실수한 직원이라든가, 앞으로 구조조정 대상일 것 같은 동료, 상사의 미움을 받는 동료, 혹은 옷을 잘 못 입는 동료 등이 그 대상이 된다. 그런 동료와는 장난으로라도 같이 어울리는 모습을 보이고 싶지 않은 것이다. 또 일부는 신입사원이 들어오면 경쟁의식을 느낀 나머지, 그녀가 왕따 당하는 것을 알아차리고 스스로 직장을 그만두길 바라기도 한다.

원인 3 당신이 그녀에게 위협이 되기 때문이다

왕따 시키는 것은 자신이 타인으로부터 느끼는 위협을 본능적으로 제거하려는 행동이다. 이런 행동은 경쟁 상대를 제거하려는 심리적인 욕구에서 비롯된다. 즉, 자신의 마음에서 경쟁 상대라고 생각하는 상대방을 지워버리고 싶은 욕구가 그대로 표출된 것이라고 볼 수 있다. 이런 이유로 당신이 그녀에게 왕따 당하고 있다면 그녀의 태도가 바뀔 것을 기대하지 않는 편이 낫다.

앞서 언급했던 카라의 사례를 보자. 그녀는 여성 매니저로서 훌륭한 덕목을 갖추었다. 현재의 직책에서 최선을 다해 팀을 이끌다가 직책이 바뀌어도 그전의 일에 개의치 않고 새 업무에 충실히 하는 태도를 지녔다. 자신의 업무 노하우를 다른 직원과 나누고자 하는 마음씨도 높게 살 만하다. 하지만 나쁜 그녀는 이를 다르게 받아들였다. 이 사례에 나오는 것처럼 많은 직장 여성들이 직급이나 직책이 달라지는 데서 비롯된 변화를 잘 받아들이지 못한다. 그리고는 다른 직원이 자신에게 앙심을 품거나 자신에게 위협이 된다고 지레짐작하는 것이다.

혹시 당신이 오해하는 건 아닐까?

만약 '왕따 시키는 그녀'가 상사라면, 당신이 모르는 사내 정보에 대해 알고 있을 확률이 얼마든지 있다. 따라서 특정 정보에 대해 당신이 알지 못하도록 일부러 바리케이드를 치는 듯해도, 사실은 자신이 맡은 일에 충실하고 있는지도 모른다.

물론 그녀가 훌륭한 상사라면 왜 특정 정보를 당신과 공유할 수 없는지를 친절하게 설명해줄 것이다. 하지만 대부분의 상사들은 그렇게 하지 않는다. 그저 사무적인 태도를 유지할 뿐, 당신의 감정에 일일이 신경 쓰지 않는다.

게다가 그녀는 예전에 고약한 '악녀' 밑에서 일했던 기억을 떠올리게 한다. 그 상사는 당신을 심하게 따돌렸다. 모든 일에서 당신을 제외시키고, 자기 멋대로 일하기 일쑤였다. 정말이지 뼈아픈 기억이다. 그래서 지금의 그녀를 보면서 예전의 그 악녀를 떠올리는 것일지도.

현재의 그녀도 그럴까? 현재의 상사는 좀 무례하기는 해도 왕따 시키는 것까진 아닐 수 있다. 즉, '악녀 행동'을 제대로 파악하려면 특정 행동을 지속적으로 하는지 아닌지를 살펴보는 게 중요하다.

‘왕따 시키는 그녀’와 일할 땐 이렇게

– 굳이 그녀에게 인정받을 필요는 없다

‘왕따 시키는 그녀’에게 있어서 사랑의 반대말은 ‘무관심’이다. 이 점을 잘 아는 그녀는 무관심을 자신의 무기로 삼는 것이다.

그녀의 침묵은 당신이 많은 걸 고민하게 한다. ‘나를 싫어하는 걸까?’, ‘내가 뭘 잘못해서 그러나?’, ‘이 상황을 개선할 방법이 없을까?’

하지만 당신의 노력과 상관없이 ‘왕따 시키는 그녀’는 자신의 태도를 바꾸려고 하지 않는다. 그녀의 태도를 개선할 수 있는 유일한 방법은 그녀가 상사의 눈 밖에 나서 호된 소리를 듣는 것뿐이다. 혹은 상사가 당신에게 직접 “무슨 일이 있어요?”라고 묻기를 기다리는 수밖에 없다.

그렇기 때문에 동료에게 사정을 말해서 사내 정보를 얻는 것만큼은 차질이 없도록 해야 한다. 정확한 정보를 얻을 만한 다양한 수단을 마련하는 것도 필요하다. 대표적인 예로 다른 직원으로부터 이메일로 정보를 받는 것이다.

혹은 그녀가 최소한의 예의로 당신에게 인사 정도는 하게끔 직원들의 도움을 구할 수도 있다. 하지만 그것도 가벼운 묵례나 “안녕하세요?” 하는 정도의 인사를 받는 게 최선일 것이다. 당신에게 부탁할 일이 생기지 않는 이상 그녀의 태도는 크게 변하지는 않을 테니 말이다.

당신이 왕따 당하는 걸 눈치챈 사람이 있는가? 그렇다면 그들이 이에 대해 어떻게 생각하는지 알아보라. 이때는 중립적인 태도를 유지할 것. "○○가 나한테 며칠 동안 아무 말이 없네. 그런 거 같지?"라고 말하라. 그러면 동료들은 "응, 그런 거 같더라. 그뿐이 아냐. 나한테 이러저러한 일도 했어"라는 식으로 대답할 수도 있다. 혹은 "응, ○○가 좀 까다롭지. 난 그쪽이 잘 대처할 줄 알았지", "아니, 나는 전혀 몰랐는걸"이라고 답할 수도 있다. 동료들로부터의 정보는 어떤 것이라도 중요하다. 당신은 계속 신중하고 차분한 말투로 말을 이어나가라. 당신이 당한 일에 대해서 성숙한 태도를 보이는 건 얼마나 참을성 많고 품격 있는 사람인지 보여주는 척도가 되기 때문이다.

만약 그녀가 다른 직원이 보는 데서 당신을 따돌리려고 하면 '아, 또 당할 것 같은데'라는 표정으로 다른 직원과 눈을 마주쳐라. 그러면 그녀는 주춤할 것이다. 결과적으로 당신의 성숙한 태도가 다른 직원들의 인정을 살 수 있다.

이쯤에서 자신에게 스스로 물어보자. 매너가 꽝이고 기회주의자인 그녀에게 정말로 인정받고 싶은 걸까? 만약 그래도 그녀의 마음을 얻고 싶다면 다른 직원들에게 은밀히 도움을 요청할 수도 있다. 즉, 당신이 가진 정보력이나 대인관계가 상당한 수준임을 넌지시 알려서 이를 퍼뜨리게 하는 것이다. 그러면 소문을 들은 그녀도 당신을 다시 보게 될 테니까.

이쯤에서 생각을 한번 바꿔보는 것은 어떨까. 당신은 왕따 당했다는 그 자체가 억울할 뿐이지, 실제로는 그녀와 친해지고 싶지 않을 수도 있다. 별로 어울리고 싶지도 않은 그녀이니 오히려 왕따 당하는 편이 낫다고 생각할 수도 있지 않을까.

어차피 그녀는 당신이 좋아하지도 않는 일을 즐기고, 당신이 가고 싶지도 않은 데만 찾아간다. 점심식사, 퇴근 후 술자리, 지루한 회의 등 정말로 이런 데에 끼고 싶은가? 오히려 왕따 당하는 게 낫다고 생각되면 그냥 현실을 즐기는 것은 어떨까? 사실 당신은 기회가 돼도 그녀와 별로 이야기 섞고 싶지 않을지도 모른다.

만약 기회가 돼도 그녀와 별로 가깝게 지내고 싶지 않다면, 혹시 옛날 생각이 나서 마음이 불편한 것은 아닌지 자신에게 물어보라. 중·고등학교 시절에 왕따를 당한 경험 때문은 아닐까? 정말 그래서 마음이 상한 걸까? 아니면 단순히 그냥 왕따를 당했다는 사실 자체가 억울한 걸까? 정말 그녀에게 인정받아야만 하는 중대한 이유가 있는 것일까? 그것도 아니라면 이렇게 생각해보는 건 어떨지?

"모든 상황에서 인정을 받는 게 이상적이지. 하지만 단지 유능한 직원처럼 보이려고 그녀의 인정까지 얻어낼 필요는 없는 거야."

함께 일할 동료나 상사를 당신이 직접 선택할 수는 없다. 당신은 그저 주어진 일만 해내면 된다.

'왕따 시키는 그녀' 대처법!

- 그녀와 부딪히면 잠시 숨을 고르고 자신의 감정을 다스려보라. 순간의 감정에 치우쳐서 행동하면 안 된다.
- 그녀에게 다가가서 이렇게 말하라. "저랑 일주일 동안 이야기를 안 하신 것 같아요. 혹시 제가 뭘 잘못했나요? 문제가 있다면 고치고 싶어요."
- 그녀가 끝내 대화를 거부하고 당신을 무시할 수도 있다. 그러면 당신은 '그래도 나는 문제를 해결하려고 최선을 다했지'라고 위안 삼으면 된다.
- 그녀의 방해 공작에 맞서서 업무에 필요한 자료 등을 얻을 대안을 모색하라. 예를 들어 다음 주 회의 정보나 이번 주 업무 변경 사항 등을 제3자에게 물어보는 것이다.
- 그녀의 비위를 맞추겠다고 일을 덜 하거나 창의성을 고의로 옭아맬 필요는 없다. 그러는 건 자신에게 전혀 도움이 되지 않는다. 그래 봤자 그녀는 자기 생각을 바꾸지도, 당신을 인정하지도 않을 테니까. 일부러 무능력한 척한다면 그녀는 당신을 왕따 시키는 것에서 그치지 않고 경멸하는 쪽으로 노선을 바꿀지도 모른다.
- 그녀의 괴롭힘에 맞받아치고 싶더라도 참아라. 그녀의 반응을 유도하려고 하면 안 된다. 장기적으로 봤을 때 그런 태도는 당신에게 도움이 되지 않는다.

- 시선을 어디에 둬야 할지, 그녀와 마주치지 않기 위해 몇 층으로 돌아가야 할지, 회의실엔 어느 자리에 앉아야 그녀가 잘 보이지 않을지, 인사를 했는데 무시당했을 때 어떻게 대처할지 등에 대해서 미리 생각해두면 한결 안심이 될 것이다.

- 다른 직원들과 같이 있을 때 그녀와 마주치면 차분하게 "안녕하세요?"라고 하든가 다른 적절한 말을 건네라. 만약 그런데도 그녀가 묵묵부답이라면 그건 전적으로 그녀의 선택이다. 무엇을 하든 차분하고 신중한 태도를 유지하라. 어떤 일이 생겨도 난리를 피우면 안 된다. 사람들이 당신의 태도를 지켜본다는 것을 명심하라.

- 만약 그녀와 대화하게 되면 그녀의 훌륭한 자질, 그녀의 존재가 부서에 얼마나 큰 도움이 되는지 등에 대해 언급하라. 하지만 그녀가 당신을 무시할 때 당신의 기분이 어떻다던가 하는 주제는 피해야 한다.

- 어수선한 분위기의 직장에서는 왕따가 자주 생기기 마련이다. 일부러 왕따 시키는 것일 수도 있고, 그저 사람들이 무관심하기 때문일 수도 있다. 그러니 이를 개인적인 감정으로 받아들일 것까지 없다.

'왕따 시키는 그녀'가 상사라면?

1. 어떤 일이 있어도 맡은 일은 충실히 하고, 당신은 잘못한 게 없다는 사실만 기억하라.

2. 직원들과 친하게 지내면서 직장 정보에 뒤떨어지지 않기 위해 노력하라.

3. 그래도 너무 힘들면 부서나 직무를 바꾸거나, 직장을 옮기는 것을 고려하라.

'왕따 시키는 그녀'가 동료라면?

1. 회사의 정보망에서 멀어지지 않도록 항상 주의하라. 그녀로부터 전달된 메시지가 있는지 수시로 확인하는 습관도 필요하다.

2. 직접 얼굴을 맞대고 일해야 하는데도 그녀가 당신을 무시한다면 사람들이 보는 앞에서 이렇게 말하라. "이런 식으로는 일하기 어려울 것 같아요. 확실히 우리 사이에 소통의 문제가 있네요. 이걸 해결하는 방안을 찾아야 할 것 같은데요?"

3. 그녀가 당신을 왕따 시키는 걸 동료들이 눈치챘는지 물어보라. 또 그녀가 이전에 다른 직원에게도 그렇게 행동한 적이 있는지, 그때 동료들이 어떻게 대응을 했는지 알아보라.

'왕따 시키는 그녀'가 부하 직원이라면?

1. 직접 문제를 거론하라. 예를 들면 "난 적어도 당신이 '안녕하세요?' 정도는 할 거라고 생각했는데"라는 식으로 말이다.

2. 일을 지시할 때는 당신이 했던 말을 다시 따라하도록 하라. 그래야 "전 그때 그런 말 못 들었는데요" 하고 슬그머니 빠져나가는 일이 없을 것이다.

02

"이 세상에 믿을 사람 하나 없어!"

: 불안한 그녀들

이모젠은 꿈에 그리던 승진 기회를 잡았다. 그런데 막상 승진하고 보니 갑자기 부하 직원들에게 엄하게 대하는 게 아닌가. '부하 직원들이 나를 상사로 받아들이지 않고 아직도 동료처럼 대하면 어쩌지' 하는 걱정이 앞섰기 때문이었다.

게다가 승진 전보다 더 많은 일이 그녀에게 주어졌다. 그러다 보니 직원들이 자기만큼 최선을 다해 일하지 않는 것처럼 보여 짜증이 마구 치솟았다. 급기야 야근이라도 하라고 직원들에게 엄포를 놓았다. 사무실에서 직원들이 크게 웃고 떠드는 것도 여간 귀에 거슬리는 게 아니다. 결국 "그렇게 여학생처럼 깔깔거리고 웃어대다니, 정말 프로답지 못한 행동이야"라고 충고하기에 이른다.

가만 보면 부하 직원들은 제대로 하는 게 아무것도 없다. 못 미더운 구석이 한둘이 아니다. 이제부터라도 실적을 일일이 모니터하고, 사소한 부분까지도 간섭해야겠다고 마음먹는다. 부하 직원들의 등을 떠밀지 않으면 오히려 자기가 이용당할 것이라고 생각하게 되었다.

아이린의 경우도 살펴보자. 그녀 앞엔 일거리가 산더미 같이 쌓여 있다. 그런데 팀 동료 중 한 명이 맡은 일을 제시간까지 해놓지 않았다. '왜 내가 맨날 가서 일일이 체크해야 하는 거야? 도대체 저 사람들은 왜 저 모양이지?' 으름장을 놓는 게 그녀의 유일한 해소 방법이다.

그녀는 이런 상황이 너무나 지겹다. '해야 할 일에 대해 세 번이나 말해줬는데도 못 알아듣고 허둥대는 꼴이라니!' 정말이지 저런 사람들이 직장에 들어온 것 자체가 신기할 정도다. 그저 빈둥대며 어슬렁거리는 게 전부인 것 같은데. 시간이 넘쳐나는 사람처럼 말이다. '나 원, 여기가 직장인지 유치원인지 모르겠군.'

더군다나 그중 얼빠진 신입사원 한 명이 신경을 보통 건드리는 게 아니다. 어느 날은 업무에 대해 설명하려고 그녀를 사무실로 불렀다. 그런데 펜이나 노트는 물론이고, 아무것도 손에 들지 않고 어슬렁어슬렁 들어오는 게 아닌가. 아이린은 '아, 정말 어리바리의 극치로군' 하고 탄

식한다. 그리고는 그녀에게 쏘아붙인다.

"아니, 그 벌집 같이 부풀린 머리카락 속에 비밀 녹음기라도 숨기고 왔나? 가서 빨리 펜이랑 종이 가져오세요. 대체 내가 말하는 걸 어떻게 다 기억하려고? 서둘러요! 내가 시간이 널널한 게 아니야!"

이사벨의 상황도 별반 다르지 않다. 그녀는 지금 막 동료들에게 이메일을 다시 한 번 보냈다. 화가 부글부글 끓는다. '아니, 요즘엔 아무도 이메일 체크를 안 하나?' 이번에는 그냥 안 넘어가고 동료들에게 단단히 따질 기세다. '이메일에 답장도 안 하면 나더러 어떻게 일을 진행하라는 거야?'

그때 마침 여자 매니저 한 명이 조심스럽게 이사벨의 사무실 문을 두드린다. 이야기할 시간 좀 있느냐는 거다.

"왜요?"

이사벨이 퉁명스럽게 내뱉는다.

"음. 그게 말이지, 또 열 장짜리 전체 메일을 보냈던데. 저번에 앞으로는 간추려서 보내기로 이야기 끝낸 거 아니었나? 왜 그때 실적 검토하면서 말이에요. 사실, 지금 직원들 모두 한창 바쁘거든. 긴 이메일을 다 읽을 시간이 없어요. 그러니까 다음부터는 몇 문단 정도로 줄여서 보내면 어떨까 싶은데. 그럼 답장하기도 훨씬 쉬울 테고 말이야."

"…아니, 실적 이야기가 나와서 말인데요. 제 점수가 왜 4점밖에 안 되는 거죠? 아직도 궁금하네요. 대체 무슨 기준을 적용하신 건지."

"이사벨, 제발 그만하자고. 그 이야기라면 끝났잖아. 지금은 그냥 이메일을 수정해서 보내달란 거야. 내용이 너무 기니까 직원들이 어찌할 바를 모르잖아요."

다급해진 매니저가 마무리하려 하지만 이사벨도 지지 않는다.

"많은 걸 바라는 게 아니에요. 그저 이메일을 읽고 답만 해달라는 거죠. 언제까지 이렇게 손가락 빨고 앉아서 기다려야 하나요? 일하려면 데이터가 필요하다는 것쯤은 아시잖아요."

이사벨의 또랑또랑한 시선을 느끼며 매니저는 한숨을 푹 내쉰다. 그리고는 손을 휘휘 내저으며 사무실 밖으로 나가버린다.

이사벨은 생각한다. '도대체 왜 그러는 거야, 그저 이메일에 답 좀 해달라는 건데.'

사실 동료들에게 그 데이터를 작성해달라고 한두 번 부탁한 게 아니다. '뭐가 문제라고 내 부탁을 안 들어주지? 그리고 실적 점수는 왜 그렇게 낮게 나온 거야, 제길.'

위의 세 여직원들은 모두 '불안한 그녀'에 해당하는 인물이다.

지금부터 소개할 일화들은 직장에서 '불안한 그녀'에게 당한 경험들이다. 당신의 현재 상황과 비슷한 면이 있는지 살펴보라. 당신 옆의 그녀가 혹시 '불안한 그녀'인 건 아닐까?

캐린, 여, 27세, 패션 업계

솔직히 말해서 처음엔 그녀를 동경했어요. 살짝 질투하기도 했고요. 그녀는 오직 자기 능력으로 높은 직급에 올랐을 뿐만 아니라, 패션 감각도 대단해서 항상 옷을 잘 입고 다녔거든요.

회사에 들어오자마자 전 제 포부를 그녀에게 말했죠. 그랬더니 어떻게 하면 승진할 수 있는지에 대해 이것저것 충고해주더군요. 특히 외모가 이 업계에선 중요하다고 하는 바람에 저도 옷매무새에 더욱 신경 쓰게 되었고요.

그녀의 충고를 받아들여 열심히 땀 흘린 결과, 저도 드디어 승진하게 되었어요. 이제 그녀가 제 직속 상사가 되었죠. 그런데 자기가 도움을 주었던 저를 자랑스럽게 여기기는커녕 제가 하는 일에 사사건건 참견하고 트집을 잡는 게 아니겠어요? 다른 직원들은 잘못해도 얼렁뚱땅 넘어가면서 말이에요.

하루는 저와 그녀, 매니저 한 분과 실적을 검토하고 있었어요. 그녀는 그 매니저 앞에서 좋은 말만 하더군요. 그런데 그분이 나가니까 뒤돌아서는 저에게 막 짜증을 내는 거예요. 방금 의논한 문제와는 상관도 없는 문제를 들춰내면서요.

저에게 했던 이 못된 행동을 우리 둘 사이의 비밀로 묻어두려는 게 그녀의 속셈이었죠. 다른 상사 한 명에게 말해볼까 하는 생각도 들었지만 어차피 그 둘이 친한 것 같아서 관뒀어요. 잔소리한다고 고자질하는 것도 좀 아닌 것 같았고요. 그래서 그냥 꾹 참았어요.

그런데 끝도 없이 트집을 잡아대니까 직장 생활이 지옥 같아졌어요. 이런 날의 연속이다 보니 너무 우울해져서 진짜 회사를 그만두려고 했죠. 일에 대한 제 자신감이 무너졌기 때문에 '혹시라도 뭔가 잘못했으면 어쩌지?' 하고 모든 것을 재차 확인하는 버릇까지 생겼어요. 그녀에게 뭘 물어보기도 어려웠고요. 그렇게 우러러봤던 상사가 180도 변하다니. 나중엔 공황상태 비슷하게 되더군요.

어떤 직장이든 맨 꼭대기 직급은 그 수가 제한되어 있잖아요. 그러니 여자의 몸으로 정상까지 힘겹게 올라간 이상, 무슨 수를 써서라도 그 자리를 지켜내려는 것 같았어요. 그러니까 자기 이외의 다른 여직원들은 다 위협으로 느꼈던 거겠죠.

아무튼 이런 억울한 일을 당하고 보니까, 당당하게 잘못을 지적하는 게 상당히 중요하다는 걸 깨달았어요. 이제는 나이를 조금 더 먹었고 그때보다 더 높은 자리에 올라오고 나니, 다른 부서의 여자 상사들과 부딪힐 일이 정말 많더군요. 하지만 저의 대응 방법은 완전히 달라졌어요. 확실히 옳다고 판단되면 그 정확한 근거를 대고 제 주장을 강하게 내세웁니다. 뭔가 일이 잘못된 사실에 대해 제 할 말을 다 하는 거죠. 떨지 않고요.

캐린의 일화에서 보듯이 '불안한 그녀'가 엄격한 규칙을 들먹이는 건 혹시 자신의 지위가 떨어지면 어쩌나 노심초사하기 때문이다. 그래서 은연중에 이런 메시지를 보내는 건지도 모른다.

"일은 열심히 해. 하지만 나를 넘어서는 건 안 돼!"

자신이 격려하던 부하 직원이 좋은 성과를 내면 갑자기 태도를 냉랭하게 바꾸는 상사가 바로 그런 경우다. 이런 행동에는 여러 가지 원인이 있을 수 있다. 자신이 부하 직원처럼 어렸을 때 아무도 도와주지 않았던 것을 아직도 맘에 담아두고 억울하게 생각하고 있는지도 모른다. 아니면 자신이 부하 직원에게 추월당할까 봐 두려워하는 건지도.

앤스키, 여, 38세, 교사

처음 교편을 잡은 새내기 교사 시절의 이야기예요. 저를 아주 못살게 닦달하던 선생님이 한 분 계셨죠. 중년 여성이었는데, 한마디로 깍쟁이 같고 예의 차리는 스타일이었어요. 옷차림도 아주 보수적이었고요.

제가 자기 영향권에 들어왔다 싶으니까 웬만한 일은 다 지적하며 잔소리를 하더군요. 학생들과 이야기를 하면 수다 떨지 말라고 하고, 교직원실에서 일 좀 거들어주려고 하면 그것도 못마땅해했죠. 한 번은 제가 입고 있던 윗옷이 너무 깊이 파여서 야하다고 뭐라고 하더라고요. 정말 화가 났죠. 짜증 나고, 마주치기도 겁나고 그랬어요.

제 생각인데, 그분은 인생에 쌓인 게 굉장히 많았던 것 같아요. 불행하고, 좌절된 삶을 살고 있었던 거죠. 강박적인 성격이기도 했고요.

전 그때 너무 어렸고, 경험도 별로 없었어요. 일을 하는 데 자신감도 부족했고요. 그래서 그녀를 슬슬 피하기만 했어요. 오죽하면 제 학생이 이렇게 말했으니 말 다한 거죠. "선생님, 왜 저 선생님한테 계속 당하고만 있어요? 가서 따지세요!"라고요.

앤스키의 경험에서 엿볼 수 있는 '불안한 그녀'가 가진 습성이 하나 있다. 직장 동료들이 행복한 삶을 누리는 것을 샘내고 이를 망가뜨리려고 하는 것이다. 그래서 자신만의 엄격한 규칙을 정해서 이를 따르지 않으면 못살게 군다.

물론 앤스키의 경우에는 구세대와 신세대 사이의 세대 차이가 갈등을 일으키기도 했을 것이다. 어쩌면 그 중년 선생님은 진심으로 앤스키를 위하는 마음에서 잔소리를 했는지도 모른다. 학생들과 너무 친하게 지내면 선생님 머리 꼭대기에 올라갈지도 모르고, 교권이 흔들릴 수도 있다고 생각한 건지도.

하지만 그녀의 태도는 엄연히 잘못되었다. 새내기 교사에게 문제를 지적하려면 좀 더 부드럽게, 도와주려는 마음으로 해야 한다. 그녀처럼 자존심을 긁고 잘못을 따지는 듯한 태도에는 문제가 있다. 자신이 불안하기 때문에 상대에게 더 엄격한 잣대를 들이대는 것이다.

자기가 불안하니 남을 괴롭히는 그녀의 행동 유형

- '불안한 그녀'는 매사에 엄격하다. 남을 조종하길 좋아한다. 어디 그뿐인가. 자신이 불안하니까 훼방도 잘 놓는다. 시시콜콜 요구하는 것도 많고, 도저히 비위를 맞출 수 없는 완벽주의자이기도 하다.
- 혼자서 정말 오래, 열심히 일한다. 그리고는 당신도 똑같이 일하기를 바란다.
- 업무 시간이 아닌 때에도 이메일을 휙 보내놓고 바로 답장이 오길 기대한다.
- 당신이 못 미덥다는 듯이 기회가 있을 때마다 당신의 업무를 확인하려고 한다.
- 일을 하는 데 있어 자신의 목표와 기대치, 우선순위가 무엇인지를 남에게 명백히 밝히지 않는다. 그래야 직장 내에서 어떤 문제가 생겼을 때 자기가 슬쩍 끼어들어 주도권을 잡을 수 있으니까.

- 직장에서 무슨 일이 일어나는지 일일이 알고 싶어 한다. 직장 내 정보 교환에서 소외되는 걸 끔찍이 싫어한다.
- 다른 사람에게 일감 맡기는 걸 꺼린다. 자신이 흥미를 느끼는 일이라면 더욱 그렇다. 어차피 자신보다 그 일을 더 잘해낼 사람은 없다고 믿으니까.
- 이래라저래라 간섭하는 걸 좋아한다. 또 이미 당신이 알고 있는 사항에 대해서 알려주느라 엄청나게 많은 시간을 허비한다.
- 당신이 일을 잘한다며 자기 팀에 끼워 넣고 싶어 한다. 하지만 정작 일하는 데 필요한 권한은 절대로 주지 않는다.
- 당신이 항상 자신에게 감사하고 있는지 알고 싶어 한다. 또한 직장에서 누가 더 힘이 세고, 우위에 있는지 수시로 확인하려고 한다.
- 갑자기 터무니없는 부탁을 해서 당신을 곤란하게 만든다.
- 모든 일에 엄격한 잣대를 들이댄다. 모든 직원이 자신이 세운 규칙을 따라야 한다고 우긴다. 자신과 의견이 다른 사람의 말은 절대 믿지 않는다.
- 정확히 무엇인지 알 수 없는 그녀의 기대치에 당신이 부응하지 못하면 고약하게 성질을 부린다.
- 자신의 위치를 확고히 하는, 굉장히 형식적이고 딱딱한 인간관계를 선호한다. 그래야 자신의 위신이 서기 때문이다.
- 변화를 두려워한다. 항상 자기가 아는 것만 고집한다.

- 매우 비판적이다. 모든 것에 대해 높은 기준치를 가지고 있음을 자랑으로 여긴다.
- 유연성이 부족하다. 이미 검증되어 확실하다고 여겨지는 방법으로만 문제를 해결하려 한다.
- 자신과 비슷한 부류의 사람하고만 어울리려고 한다. 그래서 자신과 성향이 다른 사람과 어울리는 것을 힘들어한다.
- 타협하는 걸 좋아하지 않는다. 옳으면 옳은 거지, 적당히 옳은 것은 없다.
- 어떤 일에 대해서 "왜?"라고 물으면, "내가 그렇다고 하면 그런 거야"라고 대꾸한다.
- 자신의 생각을 바꾸는 건 약한 모습이라고 생각한다.
- 남의 말을 잘 듣지 않는다. 어차피 뭐든지 본인이 가장 잘 아니까.
- 일이 잘못될 때마다 남 탓을 한다. 잘못된 건 전혀 자신 탓이 아니다.

'왜 불안할까?' 그녀의 심리

'불안한 그녀'는 성과주의자다. 완벽주의자를 자처하는 경향도 있다. 그래서 자기 자신과 직원들에게 터무니없이 높은 수준과 기대치를 요구한다.

여기에 가장 큰 문제의 원인이 있다. 자신이 정한 높은 기대치에 도달하지 못할까 봐 늘 불안한 것이다. 그래서 엄격한 규칙과 규격을 들이대며 당신을 좌지우지하고 싶어 한다.

강박적인 성향도 있다. 당신의 업무를 지나칠 만큼 치밀하게 확인하고, 자신의 지시나 절차에 대해서 안쓰러울 만큼 구구절절 읊어대는 것도 이 때문이다.

이들은 매우 경쟁적이다. 일을 대하는 자세도 항상 경직되어 있다. 그러니 공과 사의 구분을 잘 못하는 게 무리는 아니다. 시도 때도 없이 직원들을 간섭해야만 불안감이 가시기 때문이다.

'불안한 그녀'에 속하는 몇몇 여성은 실제로 높은 스트레스와 압박감 속에서 일하는 걸 오히려 즐겼다. 살아있다는 생동감을 이런 데에서 찾고 만끽하기 때문이다. 또한 직장 내의 위기를 해결하러 짠 하고 나타나는 백마 탄 기사가 된 기분에서 만족감을 느낀다. 그 위기라는 게 대부분 자기가 벌여서 시작된 것이지만 말이다.

'불안한 그녀'의 행동 원인은 크게 네 가지로 분류된다.

원인 1 두려움 때문이다

그녀가 당신을 손아귀에 쥐고 흔들려고 하는 것은 당신이 그녀의 권위에 도전할까 봐 두렵기 때문이다. 자신의 업무 능력이나 업무 방식 등에 토를 다는 게 너무 싫은 거다. 그래서 일부러 당신을 일에 치여 바쁘게 만들거나 걱정에 빠져 있게 하려는 것이다. 그래야 자신의 두려움을 들키지 않을 테니까.

그렇다면 '불안한 그녀'가 두려워하는 것은 무엇일까? 그건 바로 사람들에게 무능력한 모습을 보이는 것이다. 다른 직원에게 권력을 빼앗겨서 바보처럼 보이는 것도 무척 두렵다.

'불안한 그녀'는 자기 스스로 두려움에 가득 차 있기 때문에, 일할 때 무엇을 우선순위에 둘 것인가를 보는 능력이 망가져 있다. 그저 그때그때 당면한 문제를 가장 중시한다. 그래서 당신에게 더 시급한 다른 업무가 있음을 잘 알고 있으면서 당신이 모든 것을 버려두고 자신의 일정에 맞춰주길 바란다.

그녀는 당신의 차분하고 느긋한 태도를 탐탁지 않게 여긴다. 그래서 이를 망가뜨리고자 온갖 술수를 다 동원한다.

부하 직원을 격려하던 상사가 그 직원이 업무를 잘 수행하면 갑자기 태도를 차갑게 돌변하는 경우도 마찬가지다. 부하 직원의 능력이 향상되니까 불안해지는 거다. 더 이상 자신이 존경받지 못하거나, 불필요한 존재가 되어버릴까 봐 조바심이 생긴다. 따라서 자신의 힘과 지배력을 한층 더 강화하기 위해 부하 직원에게 도움을 주지 않는 것이다. 그래야만 그녀가 느끼는 두려움이 줄어든다.

당신이 이런 상황에 놓인 부하 직원이라면 '상사인 그녀가 당신에게 얼마나 도움이 되는 존재인지'를 다시금 일깨워줄 필요가 있다. 물론 그녀에게 줄곧 괴롭힘을 당해왔다면 그런 말이 쉽게 나오지는 않을 것이다. 하지만 직장에서 살아남기 위한 대가치고는 매우 가벼운 편이 아닌가.

원인 2 일 이외의 삶은 엉망이기 때문이다

완벽주의자는 어느 직장에든지 존재한다. 성별과 상관없다. 그들은 자신이 세운 비현실적으로 높은 기대치에 맞추어 일이 진행되고 있는지 수시로 확인하려고 든다.

이 완벽주의자가 여성이라면, 집안일도 제대로 못하는 등 일 이외의 삶에서 엉망인 경우가 많다. 그래서 그녀는 직장에서라도 모든 일을 좌지우지하고 싶어 한다. 자신의 공허한 마음을 달래려고 일부러 긴 시간 일하고 또 당신도 똑같이 일해주길 바란다. 당신이 일 이외에 즐거운 삶을 누리는 게 질투 나기 때문이다.

'불안한 그녀'는 동료 직원에게 못된 짓도 서슴지 않는다. 예를 들면 참기 어려운 모욕적인 말을 퍼붓기도 하고 트집도 잡는다. 갑자기 기습 공격을 하기도 한다. 그런 행동의 이면에는 불안감이 도사리고 있다는 걸 명심하라. 그녀가 지시한 일을 손 놓고 있다거나 등한시해서 그녀의 불안감을 도발하지 않도록 애초에 조심하는 게 좋다.

원인 3 아직도 '아빠의 철부지 어린 딸'이라고 착각하고 있다

그녀의 경쟁심은 하늘로 치솟는다. 그러나 남자 직원과는 대체로 잘 지내는 경향이 있다. 어째서일까?

그녀는 자라면서 아빠와 '굉장히' 친밀했다. 아빠에겐 그저 예쁘기만 했던 철부지 어린 딸이었다. 아빠는 그녀가 잘못을 해도 나무라지 않았다. 칭찬만 하며 야망과 경쟁심을 부추겼다. 한마디로 버릇없이 자란 것이다. 그러다 보니 그녀는 아직도 자신이 아빠의 철부지 딸이라는 생각에 젖어 있다.

반면에, 자라면서 여자들과는 돈독하게 지내지 못했을 그녀다. 그 결과, 그녀는 남자가 주도권을 잡는 일의 영역에서는 두각을 나타내고 남자 직원과는 사이가 좋은 편이다. 하지만 자신의 라이벌이라고 생각되는 여직원에게는 가차 없이 호되게 군다. 자신이 쌓아온 이 특별한 위치를 다른 여직원이 위협한다고 생각하기 때문이다.

원인 4 어렵게 올라온 자리인 만큼 당신도 고생해야 한다고 생각하기 때문이다

어느 정도 나이와 직급이 있는 '불안한 그녀'는 이렇게 생각한다.

"내가 여기까지 얼마나 힘들게 왔는데. 그러니 그쪽도 혼자 힘으로 일어서야지."

하지만 당신이 일어서려고 낑낑대는 순간, 잔인하게 발로 차버리는 그녀다. 남성 위주의 직장에서 맨 꼭대기까지 올라가기 위해 사투를 벌이느라 다른 여직원과 협동하는 방법을 배우지 못한 것이다.

좋은 상사라면 부하 직원에게 자신이 옛날에 필요로 했을 법한 도움을 주려 애쓴다. 하지만 그녀는 다르다. 아직도 문제를 자기 혼자 해결해야 했던 그때가 가슴에 맺혀 억울해하기만 한다.

혹시 당신이 오해하는 건 아닐까?

당신의 상사를 살펴보자. 그녀는 끊임없이 당신 주변을 맴돌면서 비판할 것을 찾아낸다. 보고서가 이게 뭐냐며 다시 하라고 닦달한다. 게다가 항상 당신의 실적을 못마땅하게 여긴다. 그녀는 확실히 당신이 함께 일했던 이전의 상사보다 훨씬 엄격하다. 하지만 이럴 때는 한 발 뒤로 물러서서 생각해볼 필요가 있다. 그녀가 한 말의 속뜻은 무엇일까? 혹시 당신의 여유로운 태도를 보고 게으르다고 오해한 건 아닐까? 아니면 정말 당신의 실적이 형편없는 것은 아닐까?

'불안한 그녀'와 일할 땐 이렇게

- 프로인 당신, 먼저 모범이 되어라

우선 당신이 '불안한 그녀'의 비위를 백 퍼센트 맞출 수 있을 거라는 생각은 버리는 게 좋다. 맡은 일을 하는 데 큰 문제가 없다면 그걸로 만족해야 할 것이다.

그녀가 원하는 건 이거다. 당신이 열등감을 느끼게 만들어서 자신이 쉽게 조정할 수 있게 만드는 것이다. 당신을 자신의 발밑에 두고 꼼짝 못하게 하려는 속셈이다. 당신이 업무를 제대로 못 해낼 때를 기다렸다가 적시에 비난할 수 있도록 평소에 만반의 준비를 하는 것이다.

그녀의 최대 목표는 자신의 불안감을 상대방에게 퍼뜨리는 거다. 당신이 좋은 소식에 행복을 만끽하는 순간에도 여지없이 당신의 잘못을 들춰내서 분위기를 망쳐버린다. 또 당신이 업무 중 '망칠 뻔했던' 사항에 대해 집착한다. 다른 직원에게 당신의 업무 방식에 대해 이러쿵저러쿵 불평하기도 한다. 그렇게 당신의 죄책감을 부추기는 거다. 그야말로 재 뿌리는 데는 둘째가라면 서럽다.

'불안한 그녀'는 규모가 큰 직장에서 더 자주 눈에 띈다. 큰 회사일수록 안건의 허락을 받거나 결정 사항을 수행하는 데 더 오랜 시간이 걸리기 마련이다. 거의 모든 안건에 대해 다양한 직급의 결재를 받아야 하기 때문이다. 이런 분위기의 직장에서는 꼼꼼하고 관료주의적인 원칙을 잘 따지는 직원이 더 높이 평가받게 돼 있다. 그러니 '불안한 그녀'가 보란 듯이 상사 노릇을 하게 되는 것이다.

직장의 규모가 크면 클수록 이런 경향이 하나의 직장 문화로 자리 잡았을 확률이 높다. 그러므로 외부의 간섭을 받는 것에 대해 어느 정도 각오할 필요는 있다.

'불안한 그녀'와 일하려면 그녀가 끊임없이 일으키는 문제로부터 자신을 분리시킬 필요가 있다. 그녀는 당신이 맡은 일을 그녀가 원하는 방식으로, 그녀가 원하는 시간까지 끝내는지 계속 확인할 것이다. 따라서 만약 그 결과가 당신에게 큰 상관이 없다면 그녀가 원하는 대로 해주는 편이 낫다. 그렇게 '순응 모드'로 한동안 일해라. 그렇게 하다 보면 안건을 결재받는 시간이 단축될 수도 있다. 나아가 당신이 사안을 바꾸는 데 주도권을 갖게 되거나 그녀가 당신을 더 신뢰하게 될 가능성도 크다. 그러면 그녀는 자신의 불안감을 당신이 아닌 다른 곳에 쏟을 것이다. 다른 누군가의 잘못(처럼 보이는)으로 관심을 돌릴 수도 있고 말이다.

몇몇 심각한 '불안한 그녀'에게는 강박증 증세가 있을 수도 있다. 만약 강박증이 의심되면 그녀에게 필요한 것이 무엇인지 찾기 위해 전문 서적의 힘을 빌려야 할지도 모른다. 만약 그녀의 강박증이 감당하기 어려운 지경에 이르면 직장의 인사과나 상사에게 보고해야 한다.

'불안한 그녀' 대처법!

- 되도록 업무 성과에 주력하라. 그녀가 원하는 목표에 맞게 일하고, 그 성과를 얻도록 옆에서 도와라. 아니면 최소한 그녀가 싫어하는 태도를 삼가야 한다.
- 그녀는 불안하고 참을성이 부족하므로 당신이 자기에 반대하려는 눈치만 보여도 펄쩍 뛸 수 있다.
- 그녀가 원하는 성과를 이루는 데 반대하기보다는 도움이 되어라. 아군이 되고, 적이 되지 말라는 뜻이다. 만약 그녀가 상대를 벌벌 떨게 만드는 독재자라면 이는 반드시 주목해야 할 점이다.
- 왜 그녀가 특정 성과를 이루길 원하는지 잘 알아보라. 그 동기를 이해하면 그녀를 돕기가 훨씬 쉬워질 것이다.
- 그녀가 압력을 주면 '나는 할 수 있다'라는 태도로 맞서라.
- 귀찮더라도 업무 중간 보고를 계속하라. 그러면 당신에게 짜증 나게 달려드는 일도 없을 것이다. 그녀의 불안감도 가시게 된다.
- 그녀가 한창 불안하고 예민해 보일 때 그녀에게 맞서지 마라. 그리고 당신의 생각을 차분하고 자신 있게 전할 수 있을 때를 기다려라. 감정을 섞는 것을 자제해야 한다.
- 그녀와 잘 지내는 직원을 예의 주시하라. 그가 그녀와 어떻게 일하는지 관찰하는 것이다.

- 그녀의 태도를 바꾸겠다는 생각은 버리는 게 좋다. 대신 당신이 성과를 낼 수 있는 곳에 노력을 쏟아라.
- 만약 그녀가 엉뚱한 일을 시키려고 하면 시간표와 프로젝트명, 마감 날짜, 업무 경과를 적은 화이트보드를 보며 어떤 게 더 먼저인지 함께 결정하라.
- 그녀가 갑자기 문을 박차고 들어와서 당신이 하던 일을 다 멈추고 다른 일을 해주길 바랄 수도 있다. 그럴 땐 그녀를 진정시킬 필요가 있다. 그녀가 원하는 게 무엇인지를 육하원칙으로 설명해달라고 부탁하라.
- 그녀가 다른 직원이 무능력하다거나 업무 처리 능력이 칠칠치 못하다고 불평할 수 있다. 그럴 땐 "정말 힘드시겠어요"라고 한마디 하고 다른 화제로 넘어가는 게 좋다. 괜히 맞받아쳐서 그녀의 불안감을 증폭시킬 이유가 없다.
- 모든 면에서 본보기가 되는 모범 직원이 되도록 노력하라. 그러면 그녀가 불평할 거리도 없을 것이다.
- 그녀에게 "싫어요"라고 말하는 법을 배워라. (244쪽 참고)

'불안한 그녀'가 상사라면?

1. 항상 책상 위를 정돈하고 깔끔하게 유지하라. 그래야 당신이 맡은 업무를 잘할 거라는 인상을 준다.

2. 그녀에 대해 이것저것 흉보는 것을 자제해야 한다. 항상 프로 정신을 잃으면 안 된다.

'불안한 그녀'가 동료라면?

1. 역시 당신이 일하는 작업 장소를 항상 깨끗하고 단정히 하라. 지저분하다는 것은 곧 그녀를 도발하는 행위와 다름없다.

2. 그녀의 문제 행동에 대해 어느 정도 정면 대응할 필요도 있다. 그녀의 요구가 부당하다고 생각되면 당신의 의견을 주장하라.

'불안한 그녀'가 부하 직원이라면?

1. 그녀에게 직장의 기대치에 대해서 상세히 알려줄 필요가 있다. 그녀에게서 바라는 행동이 무엇인지, 직장 전체의 목표와 지향점이 무엇인지를 정확히 해두는 것이다.

2. 그녀의 업무에 대해 정기적으로 피드백을 주어야 한다. 그녀가 겁이 많고, 자신감이 부족하며, 자신을 스스로 닦달하는 스타일이라는 것을 명심하라. 따라서 건설적인 비판을 하기 이전에 칭찬을 해주는 게 좋다.

3. 그녀는 잘 정리된 환경에 적응을 더 잘한다. 정돈을 잘하는 직원 곁에서 일하게 하고, 어딘가 너저분한 데가 있는 직원들에게서 떨어뜨려 놓아야 한다.

4. 만약 업무 도중에 절차를 변경해야 하면 사전에 충분히 알려줘라.

03

"이랬다저랬다 도저히 감을 잡을 수 없어"

: 얍삽한 그녀들

틸리는 처음 출근한 날부터 당신에게 찰싹 달라붙는다. 그녀는 아주 상냥하게 회사를 소개해주겠다며 발 벗고 나선다. 그리고 항상 당신에게 좋은 말만 해준다. 예를 들어 당신이 회사에 얼마나 잘 적응하고 있는지에 대한 칭찬 등이다.

어디 그뿐인가. 당신이 평소에 보고 싶다고 말한 DVD를 찾아서 빌려주기까지 한다. 직업훈련 강의에서 작성한 필기 노트도 거리낌 없이 보여준다.

그녀는 참 좋은 사람인 것 같다. 그런데 왠지 모르게 질식할 것 같은 기분이 왜 스멀스멀 밀려오는 걸까?

아니나 다를까 시간이 지날수록 대화 도중에 가시 돋친 말을 뱉어내기 시작한다. 터무니없고, 엉뚱하고, 못된 말을 아무렇지 않게 한다.

언젠가 그녀가 자신의 불우한 유년 시절 이야기를 했던 것이 떠오른다. 자신을 내팽개쳤던 엄마에 대해 당신에게 털어놓았던 그녀. 어쩐지 당신은 그녀가 안쓰러워진다. 그래서 애써 그녀의 언행을 잊으려고 한다. '어리광 좀 부리는 스타일이로군' 하면서.

하지만 평소 일에 열정적인 그녀의 모습보다 가끔 욱하는 모습이 더 먼저 떠오르는 건 어쩔 수 없다. 게다가 예전에 그녀가 재무계획에 대한 강의를 들을 예정이라고 하면서 이런 쓸데없는 말을 덧붙였던 일이 떠올랐다.

"뭐, 당연히 그쪽은 재무계획에는 빠삭하실 테니 이미 그런 강의는 다 들으셨겠죠."

그런가 하면 자기 일 이야기에 열을 올리다가도 갑자기 정색하고는 이런 말을 내뱉었다.

"이렇게 귀찮게 하면 안 되겠죠? 저따위보다 중요한 일이 훨씬 많을 텐데. 그런데 저한테는 그쪽이 멘토나 마찬가지라서요."

당신이 서둘러 그럴 리가 있겠냐고, 일 관련 문제는 얼마든지 털어놔도 괜찮다고 황급히 말해주었는데, 이상하게 조종당하는 것 같은 이 기분은 뭘까?

그랬더니 그녀는 안심했는지 이번엔 지금의 매니저 자리를 자기가 맡았어야 했다고 길길이 날뛰는 게 아닌가. 자신이 경험도 더 많고, 어차피 매니저도 자기가 해주는 충고에 따라 일하고 있다며, 당신이 자기 말에 동조해주길 바라는 눈치다.

그런데 어이없게도 그 후, 회사에 이상한 소문이 돌기 시작했다. 문제의 그 매니저가 이런 말을 했다. 당신이 틸리에게 그녀가 매니저 자리에 더 잘 어울린다고 말했다는 것이다. 그래서 틸리는 혹시 당신이 회사 방침에 반발하고 있는 게 아닐까 하고 걱정했다는 거였다.

그로부터 몇 주 뒤, 이번에는 그녀가 당신과 똑같은 차를 뽑았다. 그뿐만 아니라 이제는 대놓고 당신이 입는 옷도 따라 입는다. 당신이 점심시간에 다른 부서 사람들과 이야기하거나 퇴근 후 술 한잔을 하면 그녀는 어김없이 나타나 당신 곁을 슬금슬금 맴돈다.

아무래도 당신 지인들에게 환심을 사려고 혈안이 된 것 같다. 그들은 틸리가 얼마나 괜찮은 사람인지, 또 그녀가 평소에 당신 칭찬을 얼마나 많이 했는지에 대해 입 모아 말한다. 그러자 '흠, 그동안 내가 너무했나?' 하는 생각이 생각이 든 당신. 하지만 그러다가도 그녀가 당신의 일정이나 약속에 대해서 꼬치꼬치 캐물을 때면 이제 제발 좀 그만했으면 하는 바람이다.

그러던 어느 날, 중요한 회의에서 그녀는 당신이 낸 안건은 절대로 성공할 리 없다고 열변을 토하기 시작한다. 당신은 그녀의 과도한 공격에 너무 놀라 할 말을 잃는다. 그런데 회의가 끝나자마자 그녀는 생글생글 웃으면서 다가와 이렇게 말한다.

"아까 제가 한 이야기, 설마 맘에 담아두는 건 아니죠? 어차피 솔직한 게 좋은 거잖아요."

하, 그래? 그런데 왜 저번에는 솔직하게 말하지 않았지?

그로부터 한 달 뒤, 그녀가 당신에게 쪼르르 달려와서는 "매니저님과는 잘 지내고 계시나요?" 하고 능청스럽게 물어본다. 왠지 당신을 떠보는 듯한 그녀의 말투에 속이 울렁거린다.

"뭐, 저번에 그분한테 꾸중 들은 건 그냥 넘겨요. 다음 주 금요일 점심 약속 때 다시 비위 좀 맞춰 드리면 되잖아요. 아, 맞다. 그 점심에 초대 못 받았죠? 미안해라!"

너무나도 얄밉게 말하는 그녀.

'그래, 좋아. 처음에는 그렇게 살갑게 굴더니, 이제는 본성을 드러내는군. 지금 나한테 질투라도 하는 거야?'

그녀의 종잡을 수 없는 태도에 당신도 점점 지쳐간다.

그때 들려온 청천벽력 같은 소식. 역시 그녀의 속셈은 따로 있었다. 바로 그녀가 당신의 자리를 노리고 있었던 것이다. 그제야 당신은 뒤늦게 그녀가 했던 말이 떠오른다.

“저도 어떻게 된 영문인지 모르지만, 글쎄 그쪽이 진행하는 프로젝트를 저더러 맡아보라지 뭐예요? 말 나온 김에 그 프로젝트에 대해서 뭐 좀 물어봐도 되죠?”

또 다른 문제 직원인 타룰라도 살펴보자. 그녀는 매우 감정적이다. 본인의 인생이 순조롭게 흘러가고 있을 땐 같이 있기에 정말 유쾌하고 즐거운 동료다.

하지만 그녀에게 언짢은 일이라도 생기면 사무실에 비상이 걸린다. 흐느끼며 울어대기 바쁘기 때문이다. 어찌나 서럽게 우는지, 일도 제대로 손에 안 잡힌다.

그 이유도 가지각색이다. 남자 친구랑 싸웠다, 엄마가 병원에 입원했다, 기르던 고양이가 죽었다 등. 그래서 빨리 퇴근해야겠단다. 지켜보는 당신은 그녀가 그저 맡은 일이나 제대로 해주길 바랄 뿐이다.

만약 당신이 그녀의 성미를 다 받아주지 않으면 곤란해질 게 뻔하다. 마음에 담아두었다가 교묘한 수를 써서 당신에게 복수하려고 할 테니까. 왠지 그녀에게 조종당하는 기분이 드는 당신. 그녀가 혼잣말로 툴툴대는 걸 듣는 것도 이제 지긋지긋하다. 그런데 가만 보니 타룰라가 시끄럽게 빽빽 댈 때는 항상 회사 일이 가장 바쁜 시즌이 아닌가. 아니면 그녀가 하기 싫은 업무를 해야 할 때이거나.

이처럼 '얍삽한 그녀'는 종잡을 수 없을 때가 많다. 다정다감하다가도 갑자기 뚱해지고, 우울하다가도 잘난 척하고, 온화하다가 냉랭하게 돌변하기도 한다. 그녀들은 보통 직장에 첫 출근하자마자 쉽게 친구를 만든다. 반면, 자기 동료에게 흙탕물을 튀기는 것도 매우 즐긴다. 그래서 여기저기서 당신에 대한 정보를 은밀하게 캐내려 든다. 언젠가 유용하게 써먹을 날이 올지도 모르니까.

메리, 여, 45세, 은행원

벌써 수년 전의 일이네요. 그녀와 전 아파트를 빌려 같이 산 적이 있었죠. 그녀는 가족과 살다가 취업을 하고부터 계속 여직원들과 방을 얻어 살고 있었어요. 그런데 지금 와서 생각해보니까 그녀는 항상 룸메이트를 탓하는 이야기만 했어요. 자기 잘못은 하나도 없다는 거죠.

불경기가 되니 그녀는 갑자기 실업자가 되더군요. 안됐다는 생각이 들었죠. 그래서 제가 다니는 회사에 일자리를 알아봐 주었어요. 연락처와 이메일 주소 등을 관리하고, 마케팅 관련 소소한 사무를 보는 비교적 단순한 사무직이었죠. 수습기간은 3개월 두기로 하고요. 전 처음부터 다 터놓고 말했어요. 만약 일이 맘에 안 들면 얼마든지 그만두어도 된다고요. 그렇게 그녀는 일을 시작했죠.

그런데 금세 알겠더군요. 그녀가 엄청나게 게으르다는 걸요. 해야 할 일은 하지도 않고, 글쎄 소설이나 읽고 앉아 있는 거예요!

결국은 그녀를 해고하는 지경에 이르렀어요. 대신 비싼 인력업체를 통해 사람을 구했죠. 그녀는 정말이지 배은망덕한 사람이었어요. 오히려 저더러 악녀라고 하지 뭐예요!

게다가 그녀는 회사를 그만둔 뒤에도 사무실로 슬그머니 기어들어와서 동료들과 수다를 떨었다더라고요. 쓸데없는 소문도 퍼뜨리고요. 그런데 웃기는 건, 아무도 저한테 이 사실을 안 가르쳐줬다는 거예요. 그녀는 제가 점심 먹으러 나갈 때까지 로비에 숨어 있었던 거죠. 결국은 이 이야기가 팀장님의 귀에 들어갔는지, 팀장님이 저에게 직접 귀띔을 해주시더라고요.

메리처럼 가끔 친구나 다른 직원을 돕고자 하는 마음이 오히려 나쁜 결과를 초래하기도 한다. 지인과 함께 일하는 건 쉬운 일이 아니다. 직장에서의 권력 다툼이라든가, 생각지도 못한 묘한 경쟁심이 생길 수 있기 때문이다.

끝도 없는 불만거리를 늘어놓는 사람은 예의주시할 필요가 있다. 물론 한두 번 곤란을 겪어서 그러는 거라면 그저 운이 나빴던 거라고 이해할 수 있다. 하지만 그게 하나의 습관이라면 당사자가 바로 그 불행을 초래하는 주범일 수도 있다.

수, 여, 50세, 제조업

다음은 저와 제 부하 직원이 나눈 대화 내용이에요. 임의로 그녀를 '꿀성대녀'라고 부를게요.

나: 이 보고서를 금요일 아침 10시까지 준비해줘요. 11시 회의에 들어가기 전까지 고치고 다듬을 수 있게 말이야. 알겠죠?

그런데 금요일이 되었는데도 보고서는 오지 않았어요. 저는 '꿀성대녀'에게 보고서가 어디 있느냐고 물었죠.

꿀성대녀: 아, 저는 보고서가 '오늘' 필요하다고 하신지 몰랐어요.

이 대화에서 몇 가지 추측 가능한 시나리오를 발견할 수 있다. 첫 번째로 '꿀성대녀'는 수가 자신을 채근하기를 바랐던 거다. 그래야 자신이 대단한 사람이 된 기분이 들기 때문이다. 물론 꿀성대녀 나름대로 보고서에 대한 계획은 잡고 있었을 것이다. 하지만 수가 원하는 것을 곧이곧대로 준비할 의향은 아니었다. 수가 의사소통을 잘하는 상사라 느끼게 하고 싶지 않았던 것이다. 그래서 다른 '중요한 일'이 너무 바빠서 수가 건네준 일을 제대로 못하겠다는 식이다.

혹은 이런 시나리오일 수 있다. 애초에 수가 정확히 언제까지 보고서가 필요하다고 밝히지 않았다고 '꿀성대녀' 혼자 믿고 있는 거다. 자기 할 일만 급급해서 남이 뭐라고 해도 거들떠보지도 않은 것이다.

하루에도 몇 번씩 얼굴이 바뀌는 그녀의 행동 유형

- '얍삽한 그녀'는 소유욕이 강하고 남을 조종하길 좋아한다. 빈정대기 일쑤고 가십거리를 찾아 헤맨다.
- 음모론에 푹 빠져 있는 것 같기도 하다. 애교를 떨다가도 금세 뒤돌아서 남을 비난하고 복수심을 불태운다.
- 지나치게 친근한 면이 있다. 말할 때 팔짱을 끼기도 하고, 가까이 있을 때 당신을 와락 껴안기도 한다.
- 아기자기한 선물을 주는 걸 즐긴다. 귀여운 문자 메시지를 보낸다거나 사려 깊은 이메일을 보내기도 한다.
- 여러 가지 취미 활동에 당신을 초대하기도 한다.
- 자신의 물건이나 정보를 사람들과 나누는 데 너그러워 보인다. 게다가 '절친'인 척하며 당신과 당신 지인들의 환심을 사려고 한다.
- 자신이 간섭하지 말아야 할 일에 참견하느라 바쁘다.
- 남의 책상 앞에 미심쩍게 서 있기도 한다. 이걸 지적하면 자신은 그저 도우려고 한 것뿐이라며 오히려 화를 낸다.
- 부끄러운지도 모르고 상사에게 아부를 떤다.
- 당신의 잘못된 행동에 대해서 잔소리를 늘어놓는다.

- 당신이 자신을 우러러봤으면 한다. 자신을 굉장히 인기가 많고, 발이 넓으며, 멋진 여자라고 생각해주길 바란다.
- 가시 돋친 말을 혼자 중얼거린다. 그래서 그녀의 말을 제대로 들은 것인지 헷갈리기도 한다.
- 오늘은 당신을 보고 함박웃음을 지으며 애교를 떤다. 그러다 내일은 못된 모습을 드러내면서 잡아먹을 것 같은 표정으로 쳐다본다.
- 어떻게 해야 당신을 도발할 수 있을지 잘 알고 있다. 당신에 대해서 낱낱이 연구했으니 당신의 약점까지 잘 아는 것이다.
- 다른 여직원이 얼마나 자기에게 못되게 굴었는지 들먹이며 당신의 동정을 사려고 할 것이다. 애초에 왜 그런 일이 생겼는지에 대해서는 입을 싹 씻고 말이다.
- 자신의 어려웠던 유년 시절이나 다른 힘든 일에 대해서 굳이 털어놓으려 한다.
- 자신의 사생활에 대한 당신의 의견을 묻느라 근무 시간을 엄청나게 허비한다.
- 이런 말을 자주 한다. "아, 저는 신경 쓰지 마세요. 할 일도 산더미일 텐데. 별것도 아닌 일인데 들어서 뭐하겠어요. 소중한 시간을 이렇게 뺏으면 안 되죠. 그냥, 제가 믿고 터놓을 사람이 없어서……." 이런 식으로 별로 관심도 없는 자기 일을 시시콜콜하게 다 밝히는 거다. 그리고 그 대가로 당신도 이에 상응하는 이야기를 해줘야 한다고 생각한다.

- 자신이 무시당하거나 거절당하는 것 같은 낌새에 매우 민감하다. 다른 직원이 자기에게 무례하게 굴었다며 울기도 한다.
- 일이 바쁠 때는 항상 병원 예약이 있다는 등 핑계를 대며 슬쩍 빠져나간다.
- 삶의 많은 부분이 망가져 있다. 예를 들면 쇼핑 중독이거나 폭식을 일삼거나 카페인, 초콜릿, 약물 중독이기도 하다. 지나친 성관계, 운동, 종교 활동, 도박에 빠져 있기도 하다.
- 혼자 망상에 빠지는 경우도 있다. 그래서 자기 혼자 사실이라고 생각하는 것을 퍼뜨리고 다니기도 한다. "내가 원래 처음부터 그 기획안을 매니저한테 준 거야"라던가 "그 사람이 그 일을 맡게 된 건 순전히 내가 그 일을 거절해서였지"와 같은 말이다.

'왜 얍삽할까?' 그녀의 심리

'얍삽한 그녀'의 행동에는 크게 세 가지 원인이 있다. 우선 그녀가 굉장히 가늠하기 어려운 인물이라는 것을 명심할 필요가 있다. 그녀의 행동은 그다지 진실한 동기에서 우러나는 게 아니라는 것도. 왜 그렇게 그녀가 끝없이 무언가를 요구하며 징징대는지 이해한다면 그녀와의 선을 긋기가 더욱 쉬워질 것이다.

원인 1 자기 자신에 대해 잘 모르기 때문이다

'얍삽한 그녀'는 자신이 직장에서 누구보다 괜찮고 잘났으며 아는 게 많다고 자부한다. 스스로 만들어낸 자신의 이미지를 그대로 믿는 것이다. 자신에 대해 무지한 그녀와 상식적인 선에서 대화한다는 건 결코 쉬운 일이 아니다.

그래서 그녀는 은연중에 다른 누군가가 되고 싶은 욕구가 강하다. 그렇기에 다른 여직원의 일감을 빼앗음으로써 자신이 그들과 같은 존재가 된다고 느끼는 거다.

또한 남을 향한 질투와 경멸이 정말 놀랄만한 수준이다. 그렇게 감정에 이끌려 세상을 살아가기 때문에 기분이 수시로 들쑥날쑥하다.

이처럼 '얍삽한 그녀'는 마치 산산 조각난 유리 조각 같은 자신의 정체성을 되찾으려고 안간힘을 쓰는 존재다. 업무 시간에도 자신의 업무보다는 신변잡기에 더 열을 올린다. 그러니 업무에 제대로 집중할 리 없는 게 당연하다.

원인 2 타인의 사랑을 갈구하기 때문이다

'얍삽한 그녀'는 항상 인기가 많길 원한다. 그래서 사람들에게 이런저런 소소한 호의를 베풀면서 환심을 산다. 또한 다른 직원을 위해 착한 일을 하는 데 많은 시간을 투자한다. 하지만 그 와중에도 본연의 못된 성미가 불쑥불쑥 튀어나오기 마련. 그녀의 무례하고 기회주의적인 면을 포착하는 건 시간문제다.

'얍삽한 그녀'는 처음에는 도통 속뜻을 알 수 없는 달착지근한 멘트를 흘리면서 당신의 '절친'인 척하고 다가온다. 그러다 당신이 별 반응을 보이지 않으면 그제야 본심을 드러낸다. 항상 착한 척을 하지만 그녀의 본질은 순수와 거리가 멀다. 지나치게 달라붙어 사람을 지치게 만들기도 한다.

그녀가 다른 여자들을 밀쳐내는 것은 사람들에게 사랑받고자 하는 욕구가 지나쳤기 때문일 수 있다. 어떻게든 사람들에게 주목받는 것이 사랑받는 거라고 착각하기 때문이다.

원인 3 사람들에게 버림받거나 거절당할까 봐 늘 두렵기 때문이다

사람들에게 버림받을지도 모른다는 두려움이 그녀로 하여금 타인의 관심을 갈구하게 만든다. 그녀는 마치 드라마 여주인공처럼 자신이 겪는 시련을 다른 여성들이 동정해주기를 바란다. 하지만 그런 식으로 스포트라이트를 독점하려고 하면 늘 역효과가 나기 마련이다.

만약 사람들이 자신을 뿌리치는 것 같으면 더욱더 엉겨 붙을 것이다. 점점 더 칭얼대고, 한결 더 영악스러워진다. 별것도 아닌 것에도 난리를 치며 문제를 일으키기도 한다.

혹시 당신이 오해하는 건 아닐까?

신입사원인 그녀는 당신과 친해지려고 너무 과장된 행동을 하는 것 같다. 항상 막무가내인 그녀. 왠지 스토킹을 당하는 것 같은 느낌마저 든다. 하지만 당신이 원래 의심이 많은 성격인 건 아닌지 한번 체크하자.

생각해보면 그녀가 당신을 괴롭혀서 얻을 게 없다. 단순히 천방지축이라고 해서 그녀를 '얍삽한 그녀'로 함부로 단정지어서는 안 된다.

'얍삽한 그녀'와 일할 땐 이렇게

– 경계선을 확실히 그어라!

만약 '얍삽한 그녀'가 당신의 부하 직원이라면 동료, 혹은 상사일 때보다 훨씬 대하기가 쉬울 것이다. 상사로서 그녀가 행동을 자제하도록 정당하게 주의 시킬 수 있을 테니까. 단순히 동료의 입장이라면 그렇게 하기 어려울 테지만 말이다.

이 상황을 강아지와의 관계로 비유하겠다. 강아지를 한 마리 키운다고 가정하자. 강아지는 처음부터 당신이 주인이라는 걸 알 필요가 있다. 행동을 일관적으로 하지 않으면 강아지가 대들 수 있기 때문이다. 강아지가 자신의 위치를 알게 만드는 게 관건이다. 따라서 처음 6개월은 강아지가 아무리 예뻐도 당신의 침대에서 재우는 건 피해야 한다. 당신과 같이 자게 되면 누가 주인인지 혼란을 일으키기 때문이다.

마찬가지로 '얍삽한 그녀'를 대할 때는 경계선을 확실히 그어야 한다. 그렇지 않으면 자신의 교묘한 속셈을 깜찍하게 감추고 당신을 성심껏 돕는 척하며 옭아매려 들 것이다. 그러다 당신이 달아나려고 하면 더욱 들러붙는다.

그녀는 다른 사람이 자신을 끊임없이 돌봐주길 바란다. 그것도 아주 세심하게. 하지만 그녀의 비위를 맞추려면 정말 짜증 날 정도로 많은 시간이 필요하다.

만약 같이 일하는 동료가 그녀의 기분을 언짢게라도 했다간 몇 시간이고 울며 소리 지를지도 모른다. 극적인 효과를 연출하려고 아예 티슈를 상자째 들고 다니기도 하고, 화장실을 여러 번 들락날락할 것이다. 사무실 사람들 모두 그녀에게 관심을 가지도록 말이다. 물론, 알고 보면 별일도 아니다. 하지만 그녀가 소동을 피우는 동안 모두 노심초사하며 종종걸음이다. 도대체 뭐가 문제인지도 못한 채.

만약 그녀가 울기 시작하면 빨리 사무실 밖으로 데리고 나가야 한다. 그렇지 않으면 사무실에 있는 직원 중 절반이 그녀에게 매달려야 할지도 모른다.

'얍삽한 그녀'는 화를 잘 내고 아무것도 아닌 말을 오해해서 듣기도 한다. 자신을 무시하거나 거부하는 것 같으면 길길이 날뛴다. 특히 함께 일하는 동료가 자신을 얕잡아본다고 생각하면 갑자기 목소리가 커지고 큰 소리로 울기까지도 한다.

그녀는 연기의 달인이다. 주로 고객들이 어쨌다, 동료가 저쨌다 하며 장황하게 억울한 이야기를 늘어놓는다. 순진한 직원들이 이에 속아 우르르 몰려가는 건 예삿일이다.

때문에 그녀의 훼방을 최소화하고, 제한선을 명확히 그어둘 필요가 있다. 예를 들면 "그럼 한 20분만 이야기하기로 해요. 바로 회의 들어가야 하니까. 그쪽도 다시 일하러 가야 하지 않겠어요?"라고 하거나 "그럼 당장 직원 보조 프로그램에서 운영하는 심리 상담을 신청해놓을게요. 우리 중에서는 누구도 감당하지 못할 만큼 심각한 일인 것 같은데"라고 말하는 것이다.

그녀의 또 다른 수법은 예전에 상사나 동료가 했던 신경 쓰이는 말을 다시 꺼내는 것이다. 지난 일에 대해 절대 잊거나 용서하지 않을 작정이다. 증오에 가득 찬 눈을 가늘게 뜨고 줄줄 읊어대니, 당신도 잊고 있던 그 사건이 어렴풋이 떠오르기는 한다. 이야기를 듣는 중간에 말실수라도 했다가는 그녀가 두고두고 마음에 담아둘 것이다. 따라서 경계 태세를 늦추면 안 된다. 당신이 옛날에 무심코 한 말도 왜곡해서 만천하에 퍼뜨릴 수 있는 그녀다.

물론, 당신도 모르는 사이 무심코 그녀의 칭얼거림에 이끌릴 수 있다. 직원들이 그녀를 비호감으로 여기는 게 어쩐지 안쓰러워서 계속 들어주다 보니 결국 그녀의 칭얼거림에 질질 끌려가고 마는 것이다.

하지만 절대 그녀를 가엾게 생각하면 안 된다. 그녀가 하자는 대로 다 받아줘도 안 된다. 그녀가 지금 표출하는 분노는 옛날 일과 크게 상관이 없다는 사실을 알아야 한다. 옛날 고릿적 일을 끄집어내서 지금이라도 정의를 구현하겠다는 그녀의 낚시질에 낚이지 말자. 실제로는 아주 사소한 일을 크게 부풀려서 말하는 게 대부분일 테니 말이다.

'얍삽한 그녀' 대처법!

- 가능하면 그녀와 거리를 두라. 옆에 가까이 앉거나 서 있는 것을 피하라. 접촉을 최소화하는 거다. 개인적으로 친해지지 말고 사무적인 관계를 유지하라.

- 그녀 때문에 당신의 평소 생각을 바꿀 필요는 없다. 자신을 믿는 게 최선이다.

- 그녀가 비밀을 지킬 거라고 믿지 마라. 직원들 앞에서 뭐라도 아는 척하느라고 입을 함부로 놀려 비밀을 발설할 수 있는 그녀다.

- 그녀의 업무를 모니터하라. 만약 그녀가 부하 직원이라면 당신을 돕는다는 명분으로 당신의 업무를 슬슬 가로챌지도 모른다.

- 직원들이 당신의 업무 방식이나 결과물에 익숙해지도록 하라. 그녀가 당신의 성과를 깎아내려도 직원들이 아랑곳하지 않게 말이다.

- 회사에 떠도는 소문 같은 건 개의치 않는다는 것을 그녀에게 알려야 한다. 당신이 직원들의 뒷담화에 관심 없다는 것도. 그녀가 직원들 흉을 보는 것을 부추겨서도 안 된다. 만약에 그녀가 가시 돋친 말을 모호하게 중얼거리면 "지금 뭐라고 했어요? 그게 무슨 뜻이죠?" 하고 큰 소리로 말하라. 혹은 "여기 없는 사람 이야기하는 게 좀 불편해서요"라던가 "저는 아무것도 모르겠는데요" 하고 넘겨버려라. 그러면 그녀도 순간 움찔할 것이다.

'얍삽한 그녀'가 상사라면?

1. 그녀에게 비밀을 털어놓거나, 그녀의 뒷담화에 가담하지 마라.

2. 가능한 한 그녀에게서 멀리 떨어져 있는 게 좋다.

'얍삽한 그녀'가 동료라면?

1. 항상 냉정함을 잃어서는 안 된다. 사람들 앞에서는 언제나 객관적인 자세를 유지할 것.

2. 자신의 영역을 지켜라. 그녀가 당신의 아이디어를 훔치게 놔두면 안 된다. 그녀에게 피드백을 달라거나 어떤 요청도 하지 마라.

'얍삽한 그녀'가 부하 직원이라면?

1. 문제 행동을 콕 집어서 지적하라. 특히 자신이 맡은 업무를 등한시 한다면 더욱더 그래야 한다.

2. 그녀의 주요 업무에 대해 정기적으로 피드백을 주어라. 그녀가 통찰력이 떨어진다는 사실을 주시해야 한다. 본인의 능력을 부풀려 생각한다는 것도 기억해야 한다. 만약 그녀가 평소에 용납할 수 없는 행동을 했다면, 봐두었다가 꼭 짚고 넘어가야 한다.

3. 그녀에게 계속 할 일을 주어서 바삐 움직이게 해라. 그렇지 않으면 자기가 하고 싶은 일을 하느라 혼자 바쁠 테니까.

4. 항상 분명하게, 또 분명하게 말해주어야 한다. 모든 의사소통이 투명해야 한다.

5. 그녀와의 거리를 유지하라. 그녀가 들이대는 무기의 날이 서지 못하도록 말이다. 당황하지 않는 자세가 중요하다.

04

"내가 제일 잘 나가!"

: 공주병 있는 그녀들

노라는 성대한 행사를 여는 걸 즐긴다. 그녀의 이벤트는 매우 세련되어 모두의 관심을 받는다.

행사에서 일하는 도우미는 그녀가 직접 뽑는다. 주로 평범한 외모에 묵묵히 일만 하는, 약간 나이가 있는 여성들이다. 그녀들은 노라를 무척이나 우러러본다. 직장에서 그녀가 일을 척척 해내는 것만 봐도 껌뻑 죽는다. 뭐랄까, 약간의 대리만족을 느끼는 모양이다.

이들은 노라의 드라이클리닝을 찾는 등 개인 심부름도 마다하지 않는다. 미용실 예약을 대신 잡아주기도 하고, 밖에 외출이라도 하면 업무를 대신해주기까지 한다.

또한 이들은 노라의 엄청나게 멋진 인생 이야기를 듣는 것을 좋아한다. 어디 그뿐인가. 곁에서 항상 노라가 유머감각 있고, 똑똑하고, 특별한 존재라고 노래를 불러준다. 물론, 노라는 이들이 사는 이야기에는 털끝만큼도 관심이 없다. 그녀들도 자신의 하찮은 이야기로 노라를 귀찮게 할 생각도 없고 말이다.

만약 그녀들 중 누구라도 노라의 이야기에 관심 없는 듯 보이면, 즉시 노라에게 지적을 받거나 해고당할지도 모른다. 노라의 눈 밖에 나면 그걸로 그녀와 끝이니까.

노라의 동료들은 어떨까? 이들도 노라를 함께 있으면 즐거운 사람이라고 생각한다. 하지만 자신의 외모에 관한 이야기, 쇼핑 목록, 회장님에게 잘 보이기 위한 전략 등 그녀가 줄곧 떠드는 피상적인 이야기를 듣고 있다 보면 점점 지쳐만 간다.

점심 약속은 항상 있지만 더 중요한 일이 생기면 언제든지 취소 가능하다고 공공연하게 말하는 그녀. 직원들 모두 있는 자리에서 자신과 제일 친한 동료를 깎아내리는 걸 아무렇지 않게 여긴다. 그저 분위기 전환용인데 어떠냐는 거다.

회사에서 마음껏 활개를 치며 바쁜 척하지만 자기가 하기 싫은 업무에는 꽁무니를 뺀다. 어쨌든 사람들이 대단하다고 치켜세워주고, 하고 싶은 대로 내버려두는 한 그녀는 행복하다.

노라와 같은 '공주병 있는 그녀'는 자신의 기량이 한창 좋을 때까진 명랑한 모습을 보인다. 그러다가 나이가 들어가면서 자신이 원하는 위치까지 못 올라가면 암울하고 신경질적으로 변하는 것이다.

나디아의 경우도 살펴보자. 그녀는 여행사의 중역이다. 이 업계에서 능력이 상당히 좋기로 소문 난 그녀는 작은 것까지 꼼꼼히 신경 쓰고, 열심히 일하는 몇몇 직원만 곁에 둔다. 이들은 나디아 밑에서 일하는 것을 영광으로 여긴다. 나디아가 과도한 시간을 일에 쏟아붓는다며 존경하는 것이다. 그녀가 부재중일 때는 그녀를 대신하여 기꺼이 일을 봐준다. 그뿐만 아니라 야근도 감수한다. 오히려 산더미 같은 업무가 자신의 경력에 도움이 된다고 기뻐하면서.

이렇듯 나디아의 팀원들은 그녀의 밀린 업무를 대신하느라 스트레스가 이만저만이 아니었다. 다들 몸 상태도 안 좋아 보인다.

하지만 만약 회사가 파산해서 다른 업체에 인수되기라도 한다면? 그녀는 망설임 없이 더 좋은 조건을 찾아 사뿐히 제 갈 길을 갈 것이다. 동료나 부하직원들은 그녀가 자기 기분 중심으로 인생을 사는 인물이란 걸 까맣게 모를 것이다.

이 충직한 직원들이 모르는 게 하나 더 있다. 바로 나디아의 바쁜 업무 속에는 피부 관리, 네일 케어, 마사지, 사교를 위한 점심 약속, 그 외에도 그녀 기분을 맞추기 위한 잡다한 이벤트가 포함돼 있다는 것을.

한 동료가 나디아와 업무를 의논하려고 밖에서 점심 약속을 잡은 적이 있었다. 그 동료는 그녀에게 시간 여유가 한 시간밖에 없다며 시간에 꼭 맞춰오라고 당부했다. 그런데 레스토랑 앞에서 30분이나 기다렸는데도 그녀는 흔적조차 보이지 않는 거다. 하는 수 없이 너무나 짜증이 난 채 터덜터덜 걸으며 돌아가고 있었다. 그런데 그때, 약속 장소에서 멀지 않은 한 미용실에서 그녀가 머리카락을 다듬는 모습이 눈에 들어오는 게 아닌가! 그녀의 변명은 이랬다.

"그게, 내가 12시 55분에 와보니까 그쪽이 올 기미도 안 보이기에……. 그래서 그냥 잠깐 들어가서 머리나 살짝 다듬으려고 그랬죠. 평소에 일하느라 도통 시간이 있어야 말이지."

'공주병 있는 그녀'는 남에 대한 배려가 부족할 뿐 아니라, 자신에 대한 통찰력도 없다. 그야말로 자신에게만 푹 빠져 있다. 자신에게 도움되는 사람 앞에서만 노골적으로 예쁜 척하는 게 그녀의 주특기다.

물론 그녀가 똑똑하고, 성취욕이 높으며, 경쟁력이 있는 건 사실이다. 하지만 열심히 일하는 건 순전히 멋있게 보이려는 자기만족이지, 직장을 위한 것은 아니다.

'공주병 있는 그녀'는 자기 편에 서지 않고 자기에게 고마워하지 않는 여직원은 쥐도 새도 모르게 음해한다. 따라서 '공주병 있는 그녀' 앞에서 튀어서는 안 된다. 자칫하다가는 그녀가 당신의 업무도 자신의 성과라며 훔쳐갈지도 모른다.

카메라를 갖다 대면 그녀는 아주 거창하고 우아한 포즈를 잡는다. "내가 좀 되지?" 하는 듯한 커다란 미소를 입가에 띤 채. 단체 사진을 찍을 땐 당신 앞으로 쏙 나가서 당신을 은근슬쩍 밀어내려 할 것이다. 자신의 매력을 카메라 렌즈 앞에 맘껏 뽐어내느라 정신이 팔려 있는 상태다. 당신의 앞에서 포즈를 잡는 건 은연중에 당신을 보잘것없는 존재로 깎아내리려 하기 때문이다. 당신은 왠지 그녀의 매력에 밀리는 느낌이 든다.

'공주병 있는 그녀'는 리더 역할을 좋아한다. 자신이 대단한 존재나 되는 듯 우쭐댄다. 하지만 공주병 환자처럼 굴다가도 폭군으로 돌변할 수 있는 게 또 그녀다.

만약 당신이 잘나가면 그녀는 무척 샘을 낸다. 당신이 승진했다거나, 상을 받았다거나, 좋은 집을 샀다거나 할 때 말이다. 남을 깎아내리는 잔인한 농담을 툭 내뱉어 동료들을 웃기기도 한다.

다음에 소개할 일화들은 '공주병 있는 그녀'에게 당한 적이 있는 직장 여성들의 실화다. 당신의 상황과 비슷한 점이 있는지 살펴보라. 혹시 당신을 곤란하게 하는 그녀가 바로 '공주병 있는 그녀'인 건 아닐까?

조이, 여, 50세, 홍보 매니저

전 40대에 직업을 바꿨어요. 오랫동안 다른 직종에서 중역으로 있었는데 완전히 다른 경험을 해보고 싶었거든요. 그래서 연봉이 깎이는 것도 감수하고 이직을 했어요. 제가 새로 선택한 홍보 분야에서 성공하고 싶어서 시간제로 관련 수업을 들을 정도로 열정적이었죠. 그래서 처음에는 그녀를 만난 게 행운이라고 생각했어요.

업무를 차근차근 파악하면서, 저는 그녀와 잘 지내보려고 했어요. 이 분야에서는 신입이고 경험도 없었으니 그녀가 제 선생님인 셈이었죠. 실은 그녀의 업적을 듣고 많이 감탄했거든요. 더군다나 그녀는 이런저런 이야기를 해주면서 저를 즐겁게 만들었어요. 예를 들어 같이 일했던 사람들 이야기라든가, 자기가 주최한 행사 이야기, 또 상사들에게 받았던 칭찬 등이었죠. 헌데, 같은 이야기를 계속 반복하는 거였어요. 이걸 깨닫는데 몇 달이 걸렸죠.

저는 일을 꽤 빨리 배우는 편이에요. 예전에 일하던 경험도 금세 써먹을 수 있었죠. 뭐, 대인관계 능력이라든가 그런 거요. 저는 사람들하고 두루 잘 지내고 그들이 능력을 최대한 발휘하게끔 동기부여를 주는 비법을 잘 알고 있었거든요. 또 동료들에게 많은 걸 물어보기도 했어요. 그런데 그들이 확실히 알아둘 게 있다는 거예요. 바로 그녀의 업무 방식이 상당히 구식이라는 것이었어요.

그 말을 들은 저는 그녀를 도와주려고 새로운 시스템에 대해 가르쳐주려고 했어요. 대부분 기술적인 내용이었죠. 그런데 그녀의 반응이 너무나 놀라웠어요. 제게 엄청나게 화를 내는 거예요. 아마 제가 자기 권위에 도전한다고 생각하는 모양이더군요.

그 뒤로 그녀는 제가 다른 동료들과 직접 만나지 못하게 막기까지 하더군요. 이걸 깨닫기까지도 시간이 좀 걸렸죠. 그녀는 제게 이렇게 말하는 것 같았어요. “뭐든지 나를 통해서만 배우도록 해! 일하는 방식은 내가 정하는 거야”라고요. 그런 식이니 힘은 힘대로 들고, 일도 끝이 보이지 않았죠. 같이 일하는 사람들 모두 절망에 빠졌어요.

그래도 몇 달간은 그녀와 잘 지냈어요. 그때는 제가 그녀에게 꼭 필요할 때였죠. 그럴 땐 또 꼬리를 내리고 상냥하게 굴더군요. 물론 원하는 걸 제게서 얻어낼 때까지였지만.

막상 일의 성과가 나오면 제게 돌아오는 공은 없었어요. ‘일이 잘되면 그녀 덕, 잘못되면 내 탓’ 이런 식이었죠. 더군다나 저에 대해서 못된 말을 퍼뜨리고 다닌 것을 들어보니, 아주 가관이더군요. 별로 놀랍지도 않았어요. 저랑 동료들 있는 데서 사람들 흉을 워낙 많이 봤으니까요.

너무 지친 나머지 결국 전 회사를 그만두게 되었어요. 몸과 마음이 망가질 대로 망가진 걸 한동안 모르고 지냈던 거죠. 그녀와 함께 일하는 그 ‘특권’을 누리는 대가가 그렇게 클 줄은 꿈에도 몰랐어요.

이렇게 조이는 '공주병 있는 그녀'와 함께 일하며 고통스런 경험을 했다. 그녀는 조이가 자신을 우러러보는 충직한 관객으로 남길 바랐다. 하지만 조이가 자신이 관객이 아닌 주체라는 걸 본격적으로 주장하기 시작하자 불같이 화를 낸 것이다.

'공주병 있는 그녀'는 오페라 스타가 아닌 평범한 인간 취급을 받으면 마치 "저년을 당장 쳐라!" 하고 소리 지르는 것 같은 반응을 보인다. 그리고 상대방을 어떻게든 깎아내리거나 창피를 주려고 한다. 더군다나 다른 사람이 잘되는 꼴은 못 본다. 그래서 타깃을 별 볼 일 없는 존재로 깎아내리는 것이다. 결과적으로 조이 입장에서는 더 늦기 전에 회사를 탈출한 게 그나마 다행이었다.

캐롤, 여, 25세, 공무원

그녀는 정말이지 예민하고 허영심이 많은 사람이었어요. 옆에서 외모에 대해서 끊임없이 칭찬해줘야 하는 스타일이었죠. 계속해서 자기 헤어스타일이 어떠냐, 매니큐어 색깔이 예쁘냐, 구두가 괜찮으냐고 물어봤으니까요. 그런데 제 옷차림에는 줄곧 트집을 잡는 게 아니겠어요? 저를 빤히 쳐다보다가 나지막이 "취향이 정말 아니로군" 하고 혼잣말하는 식이었죠.

쥬디스, 여, 50세, 매니저

일을 시작한 첫 주였어요. CEO인 그녀가 저에게 여직원 둘을 자르라고 명령하더군요. "가서 그 둘을 내보내세요!" 하면서요. 그녀는 능력 있는 여직원보다는 약간 모자란 듯한 남직원을 선호한 거예요.

그뿐만 아니라 그녀의 행동에는 모순이 많았어요. 제 옆으로 슬쩍 다가와서는 겉으로만 '절친'인 척 행동했죠. "A씨는 요즘 잘 지내나요? 아, 그리고 B씨와 C씨에게 나를 이메일 주소록에 포함시키라고 해줘요"라고 하더군요. 물론 저를 도와주려는 건 절대 아니었어요. 오히려 부하 직원을 관리하는 제 방식에 대해 이러쿵저러쿵 말이 많았어요. 부하 직원들이 저를 잘 따르는 게 영 마음에 들지 않았던 거죠.

그녀는 흥분했다가도 갑자기 차갑게 돌변하곤 했어요. 어떨 때는 회의 시간에 아무 말도 않고 우두커니 앉아만 있어요. 그러다가도 얼마 전에는 자기 딸이랑 점심 먹은 이야기를 하면서 지나치게 사생활을 드러내는 거예요. 태도에 일관성이라곤 없었죠. 그러니 그녀를 신뢰하기가 어려울 수밖에요.

일을 잘하면 잘할수록 그녀는 저를 눈엣가시로 보는 듯했어요. 제가 잘할 것 같은 업무를 주고서도 좋은 성과를 내면 짜증 내는 식이었죠.

그녀는 지방과 외국으로 출장 가는 일이 잦았어요. 그런데 당최 어디에 있는지를 저한테 밝히는 법이 없었어요. 단순히 점심 먹으러 나간 건지, 아님 외국에 있는 건지 도통 알 수가 없으니 그녀에게 부재중 전화를 알리는 것도 어려웠고 메일을 전달할 때도 애를 먹었죠.

제가 처음 면접을 봤을 때 느낌이 정말 이상했거든요. 그때 알아차렸어야 했는데. 면접관이었던 그녀는 아무 말도 않은 채 입을 꾹 다물고 있었어요. 그때 그녀와 통하는 게 없으면 일하면서도 잘 지낼 리 없다는 걸 깨달았어야 했어요. 그녀는 항상 제 아킬레스건을 찾아내려고 혈안이었거든요. 저를 도발하려는 속셈이었던 거죠.

자신이 최고이길 바라는 그녀의 행동 유형

- '공주병 있는 그녀'는 허영 덩어리다. 가식적이고, 자아도취에 빠져 있다. 마치 우아한 귀족이라도 되는 것처럼 군다. 매력적으로 보이기도 하지만, 한없이 냉소적이기도 하다. 기회주의적이고, 복수심에 불타며, 항상 주위의 관심을 끌려고 한다.
- 굉장히 좋은 첫인상을 준다. 상사를 다루는 솜씨가 보통이 아니다.
- 자신에게 푹 빠져 있다. 모든 관심이 자기 자신에게 집중되어 있다.
- 자신이 가진 권한을 부풀려서 생각한다. 사람들 모두 자신의 장단에 맞춰주길 바란다.
- 애교 부릴 때 말고는 항상 다른 사람을 하인 부리듯이 대한다.

- 사람들 모두 자신의 인생을 부러워하길 바란다.
- 자신이 사무실에서 가장 인기가 많고 총애를 받는 직원이라는 걸 확인해야만 직성이 풀린다.
- 당신이 그녀를 위해 해주는 일에는 전혀 고마운 내색을 하지 않는다. 하지만 자신이 베푸는 사소한 것에는 당신이 고마워서 어쩔 줄 모르길 바란다.
- 질투 많은 아이처럼 성질을 마구 부릴 때가 있다. 만약 일이 자기 맘대로 풀리지 않으면 고약한 성미를 드러낸다.
- 재빠른 말장난에 능숙하다. 남을 헐뜯는 말이나 깎아내리는 말에도 거리낌이 없다.
- 자기 방어를 위해서 항상 유식한 척한다.
- 독단적일 확률이 높다. 그래서 당신을 지치게 한다. 자기가 선택한 부분만 골라서 이해하는 경향이 있다.
- 당신이 자신에게 필요하지 않다고 판단되면, 당신을 아는 체도 하지 않는다.
- 말을 무한 반복하는 습관이 있다. 이미 했던 이야기를 하고 또 한다. 대부분 자신이 좋게 나오는 이야기다. 예를 들면 직장에서 윗사람에게 받았던 칭찬, 듣는 사람이 지루해한다는 사실과 자신이 얼마나 많은 일을 성공했는지 등이다. 그러면서 듣는 사람이 지루해한다는 사실과 자신이 했던 말을 반복하고 있다는 것도 모른다.

'왜 공주병이 있는 것일까?' 그녀의 심리

공주병은 마치 현대의 전염병과 같다. 미디어에서는 하루가 멀다하고 '완벽한 여성'의 이미지를 쏟아지고 있다. 많은 여성들이 그런 완벽한 이미지에 자신을 투영시킨다. 하지만 여러 이론에 의하면, 여성이 자신을 과대 포장하는 주된 이유는 자신의 초라한 본모습을 가리기 위해서라고 한다.

원인 1 평범해지는 걸 두려워하기 때문이다

그녀는 당신과 같아지는 걸 두려워한다. 할 일을 찾아서 하는 평범한 직장 여성이 되고 싶지 않는 것이다. 그래서 자신을 내세우기 바쁘고, 당신을 깎아내려야지만 우월해진다고 생각한다.

원인 2 자존감이 낮기 때문이다

겉으로 보기엔 아닌 것 같아도 사실 그녀는 자존감이 낮을 수 있다. 그렇기 때문에 사람들의 존경을 받고 칭찬을 들으려고 혈안이 되어 있는 것이다. 자신의 이러저러한 놀라운 성과에 대해서 말하고 또 말하는데 한 치의 망설임도 없다. 그렇게 해야지만 사람들이 자신을 더 대단하게 볼 것 같기 때문이다. 따라서 자신이 잘났다고 뻐기는 태도는 자신의 열등감을 감추기 위한 위장일 수 있다.

원인 3 **자신이 부모의 최대 관심사였던 만큼, 당신에게도 인정받길 원하기 때문이다**

'공주병 있는 그녀'는 대부분 어렸을 때 부모로부터 과도한 칭찬을 받고 자란 경우가 많다. 그녀의 부모는 딸이 뭔가를 해낼 때마다 뛸 듯이 기뻐하면서 성과에 대해서 실제보다 더 큰 의미를 부여했다. 이에 익숙해진 그녀는 딱히 관심받을 만한 행동을 한 게 없는데도 언제까지나 특별대우를 받으며 살기를 바라는 거다.

혹시 당신이 오해하는 건 아닐까?

만약 당신이 바쁘게 일하는 것을 좋아하고 외유내강형의 재원으로 명성이 높다면, 상사가 당신에게 일감을 몰아주는 것은 당연하다. 하지만 당신은 상사가 혹시 자신을 이용하는 게 아닌가 하고 오해할 수도 있다.

또한 당신은 말수가 별로 없는 편인데, 그녀는 침묵을 끔찍이 싫어한다. 그래서 그녀와 대화하는 중간에 이야기가 살짝 끊기면 당신은 침묵을 지키는 반면, 그녀는 자기 이야기를 하느라 바쁠 수도 있다. 하지만 그런 이유만으로 과연 그녀가 '공주병 있는 그녀'라고 할 수 있는 것일까?

'공주병 있는 그녀'와 일할 땐 이렇게

– 사람들 앞에서의 경쟁은 피하는 게 좋다

그녀는 자신의 사회적 위치를 유지하려는 욕구가 강하다. 따라서 관객이 필요하다 싶으면 언제든지 당신의 관심을 사려고 할 것이다.

그녀는 당신을 과하게 칭찬하며 살갑게 굴기도 한다. 하지만 금세 지독하게 못된 모습으로 돌변하니, 당신이 어리둥절한 게 당연하다. 그녀가 착하고 마음씨 좋게 굴 때는 당신에게 뭔가 보답을 바랄 때라는 것을 명심하라. 반대로 당신에게 차갑게 구는 건 당신이 자신감을 잃고 그녀를 두려워하길 바랄 때다.

또한 그녀는 자신이 사람들에게 아량을 베푸는 그 순간의 기분을 만끽한다. 정작 당신은 그녀의 기운에 압도당해 일도 제대로 못 할 지경이긴 하지만. 어쨌든 친절하게 굴어서 상대방이 방심하게 하는 게 그녀의 계략이다. 상대방이 언짢아해야 하는 건지, 기뻐해야 하는 건지 도무지 종잡을 수 없게 만드는 거다. 물론, 상냥하게 굴 때는 그녀의 기분을 맞춰주기가 상당히 편하다. 하지만 냉랭해질 때면 당신을 경멸하는 듯한 차가운 냉소만 흐를 뿐이다. 그녀의 또 다른 전략인 '차별대우'도 이러한 급격한 기분 변화의 연장선이라고 보면 된다.

그녀는 남을 꿰뚫어보는 데 놀랄만한 재주가 있다. 듣는 사람의 심리적 욕구에 딱 맞는 말을 해주는 상당히 지능적인 면을 가지고 있는 것이다. 그래서 사람들의 환심을 쉽게 산다.

다른 한편으로는 어떻게 하면 당신을 도발시킬 수 있는지에 대해서도 무서울 정도로 빠삭하다. 그녀의 심리전에 휘둘려서는 안 된다.

그녀의 기본 태도는 '내 것은 나의 것, 네 것도 나의 것'이다. 따라서 당신의 펜, 가위, 파일을 태연하게 집어서 쓰는 걸 아무렇지 않게 여긴다. 딱히 돌려줘야겠다는 생각도 못 한다. 당신을 대하는 태도도 이와 비슷한 면이 있다. 자신의 필요에 따라 당신을 곁에 두는 걸 당연하게 생각한다. 당신이 언젠가 떠날 수 있다는 생각은 전혀 못한 채.

또한 그녀는 회의나 모임 등 상사에게 잘 보일 수 있는 자리에서는 누구보다 열심이다. 그러니 그 자리에서 그녀와 경쟁하는 건 반드시 피해야 한다. 만약 당신이 그 자리에서 상사의 칭찬이라도 받게 되면? 아마 당신의 인생은 더욱 비참해질지 모른다. 그녀가 다시 스포트라이트를 독차지하기 전까지는 말이다.

안타깝게도 당신이 '공주병 있는 그녀'의 태도를 바꿀 수는 없다. 그래도 사람들과 잘 지내는 게 그녀에게 이득이라는 점을 넌지시 알려서 더 나은 태도로 유도할 수는 있다. 비록 그녀는 팀 플레이어에는 관심이 없겠지만, 곁에 든든한 동료가 있으면 얼마나 큰 도움이 되는지 일깨워주는 것이다. 동료와 잘 지내면 '이미' 멋진 그녀가 더욱더 돋보일 거라는 사실도 말이다.

'공주병 있는 그녀' 대처법!

- '공주병 있는 그녀'는 항상 주변으로부터 자신이 얼마나 멋진가에 대해 칭찬을 들으면서 스스로를 지탱해 나간다. 따라서 그녀를 아예 무시하는 것보다는 어느 정도 관심을 두는 게 그녀를 떼어내는 데 유리할 것이다.

- 당신이 겪은 감정적인 어려움에 대해서 논리적인 말투로 그녀에게 따지거나 의논하려고 하지 마라. 그녀의 주특기는 격렬한 말싸움에서 이기는 것이다. 당신의 감정과 기분을 내세워도 그녀는 그다지 반응을 보이지 않을 것이다. 〈2장〉에서 이와 관련된 '사고형'과 '감정형' 반응의 차이에 대해 더 알아보기로 하겠다.

- 그녀가 당신을 동료로부터 떨어뜨리려고 하면 이를 저지해야 한다. 더 좋은 자리로 이동시켜주겠다거나, 책상을 옮겨주겠다거나 하는 말에 속으면 안 된다.

- 그녀의 권모술수를 파악해야 한다. 혹시 당신이 동료들과 친하게 지내지 않을 때만 선심을 베풀지는 않는지? 혹은 당신이 동료들과 친해지는 걸 막으려고 일부러 당신 앞에서 그들을 흉보는 건 아닌지? 그녀의 계략에 빠지면 안 된다.

- 만약 그날 따라 그녀의 헤어스타일이 별로라거나, 그녀가 자기 스커트에 커피를 쏟았다거나, 스타킹이 나갔다거나 하면, 그녀를 피하는 게 낫다. 스타일 구기는 걸 가장 못 참는 그녀다. 그 불쾌한 기분을 애먼 당신에게 화풀이할지도 모른다.

- 그녀가 마치 점이라도 봐주듯이 당신의 두려움과 열망에 대해서 줄줄이 읊는다고 해도 절대로 놀라거나 언짢은 내색을 하면 안 된다. 당신을 움찔하게 하는 게 뭔지 알아내서 당신을 조종하려 들 수 있기 때문이다. 관계에서 주도권을 잡기 위해 당신의 어디를 찔러야 할까 하고 궁리하고 있는 그녀다.

- 가능한 한 모든 직원과 관계를 돈독히 할 필요가 있다. 그녀는 당신을 독점하고, 다른 사람으로부터 격리시키려고 할 테니 말이다.

- 그녀는 규칙을 자신에게 유리하도록 바꾸는 데 선수다. 그러니 되도록 모든 일을 서면으로 처리하는 게 좋다.

- 그녀에게 지시할 게 있거나 프로젝트가 어떻게 진행되는지 궁금하다면 공공장소에서 말하는 게 좋다. 그녀가 주도권을 잡고 있는 영역에 있으면 안 된다. 같이 커피를 마시러 나간다거나 조용한 로비에서 붙잡고 말을 붙인다거나 해야 한다.

- 상사와 회의를 할 때 그녀에게 지시사항을 말해주는 것은 소용없을 수 있다. 당신 어깨너머로 아부를 떨어야 할 대상을 샅샅이 살피느라 정신이 없을 테니까. 어차피 지시사항을 다시 읊어야 할지도 모른다.

- 당신이 자신에게 특별한 존재라고 믿게 하는 그 가식에 속으면 안 된다. 당신은 "그래, 물론 그녀가 사람들한테 좀 심하게 굴긴 하지. 근데 우리가 이렇게 친한데, 설마 나한테까지 심하게 굴기야 하겠어?" 하고 막연히 생각할지도 모른다. 하지만 그녀는 자기 필요에 따라서 충분히 행동을 바꿀 수 있다.

- 그녀와의 약속을 취소하거나 약속에 늦지 마라. 길길이 날뛰며 평생 당신이 늦게 왔다는 사실을 잊지 못하게 만들지도 모른다. 물론 자신이 약속 시각이 다 되어 갑자기 약속을 취소하거나 당신을 몇 시간이나 기다리게 하는 건 대수롭지 않게 여길 테지만.

- 그녀가 당신보다 위에 서 있게 되는 상황을 피하라. 예를 들면 그녀가 서 있을 때 당신은 낮은 의자에 앉아 있으면 안 된다. 그녀가 다가오면 의자에서 일어나서 인사를 하거나 말을 거는 게 좋다. 다시 한 번 강조하지만 그녀는 '남의 위에 있는 것'을 너무나 좋아한다. 당신이 그녀보다 아래에 자리 잡고 있으면 훨씬 쉽게 그녀는 당신을 푸대접하려고 할 것이다.

'공주병 있는 그녀'가 상사라면?

1. 그녀가 약속을 지킬 거라고 기대하지 말자. 사실 아무것도 기대 안 하는 게 낫다.

2. 웬만한 업무는 서면으로 하는 게 좋다.

3. 그녀의 개인적인 심부름을 해주거나, 일 이외의 그 어떤 것도 돕겠다고 자처하지 마라. 그러는 걸 당연하게 여길 것이다.

'공주병 있는 그녀'가 동료라면?

1. 항상 긴장 태세를 늦추지 말아야 한다. 그녀가 당신을 독점하거나 사람들로부터 격리시키도록 놔두면 안 된다.

2. 새로운 멋진 직원이 그녀 앞에 나타나면 당신이 버림받을 수도 있다는 것을 예상해두는 편이 좋다.

3. 특별한 존재가 되고자 하는 그녀의 갈망이 당신의 팀워크를 유지하려는 노력보다 크다는 걸 기억해야 한다.

4. 그녀에게 고맙다는 말을 듣거나 약속을 지킬 것을 기대하면 안 된다. (역시나 아무것도 기대하지 않는 게 더 나을 것이다.)

'공주병 있는 그녀'가 부하 직원이라면?

1. 모든 업무를 서면으로 하라.

2. 그녀를 마치 어린아이 대하듯이 대하라. 그녀가 마구 성질을 부리면 화난 어린아이 입에 사탕을 물리듯, 오히려 잘해주는 건 어떨까? 사탕을 물고 신 나게 뛰어다니는 동안 자신이 화가 났었다는 사실도 잊어버리게 말이다.

3. 그녀가 주어진 업무를 마치면 칭찬해라. 물론 그녀에게 칭찬하는 게 너무나 싫겠지만 말이다. 그녀가 일을 안 해서 골머리를 앓는 것보다는 나으니까.

05

"목소리만 크면 이기는 줄 아는 그녀"

: 소리 지르는 그녀들

시빌은 사무실을 박차고 나오며 목이 터져라 소리 지른다.

"내가 말했던 보고서는 도대체 어디 있죠? 왜 준비가 안 된 거지? 지금 당장 필요하단 말이야!"

나중에 보고서가 도착한 뒤에도 그녀는 한바탕 소동을 피운다.

"도대체 이게 뭐예요? 이렇게 하는 게 아니라고 했잖아! 몇 번씩 이야기해야 하는 거야!"

짜증 내는 목소리가 마치 기차 화통을 삶아 먹은 것 같다. 그저 지시를 내릴 뿐인데도 있는 힘껏 소리를 지른다. 당신의 중학교 2학년 담임 선생님을 연상시키는 그녀. 눈썹을 찌푸리며 반 아이들에게 조용히 하라고 고래고래 고함을 지르던 선생님 말이다.

지금 당신 앞에 있는 시빌의 표정은 정말 가관이다. 짜증스러운 표정을 지었다가 분노가 폭발하기 직전의 표정으로 바뀐다. 언제라도 몸을 앞으로 불쑥 내밀며 욕설을 퍼부을 기세다.

시빌은 모든 게 불만이다. '대체 왜 일을 제대로 하는 직원이 아무도 없는 거야?' 그녀의 말에 의하면 자신이 윽박지르지 않으면 아마 살인을 하고도 내뺄 직원들이란다. 사슴 같은 눈을 파르르 떨며 움찔하는 저 여직원들이 너무나 아니꼽다. 가끔 그녀들을 흔들어야 그나마 정신을 차리는 거라고 믿는 것이다.

시빌처럼 '소리 지르는 그녀'는 대부분 자신을 필요 이상으로 대단하게 여긴다. 그래서 자신보다 덜 똑똑하고, 일을 덜 열심히 하는 것 같은 사람을 타깃으로 삼는다. 그들에게서 원하는 것을 얻어내고자 그토록 목청껏 고함을 지르는 거다. 그래야만 사람들이 즉각 알아듣고 일을 진행할 거라고 여기기 때문이다.

'소리 지르는 그녀'는 다짜고짜 달려들어 공격이라도 하듯이 무언가를 요구한다. 언제 폭발할지 몰라 항상 불안하다. 따라서 방 안이나 엘리베이터에서 그녀와 단둘이 있는 것은 피하는 게 현명하다.

다른 유형의 그녀들도 압박을 받는 상황에 놓이면 소리를 지르기도 한다. 하지만 '소리 지르는 그녀'는 그것이 대표적인 행동이다. 그녀는 항상 화난 것처럼 보이고, 화난 사람처럼 말한다. 물론 그녀도 속으로는 불편하고 불안할 것이다. 그래서 사람들에게 무엇을 요구하기 위해 소리를 지르는 것이다. 소리를 지르는 행동이 그녀가 타인과 소통하는 방법인 셈이다.

그녀는 매우 변덕스럽고, 시끄럽다. 기분이 언짢거나 원하는 게 있을 때는 소리부터 지른다. 우울해 보이다가도 급한 일이 없을 땐 좀 심심해 보이기도 한다. 외부로부터 압박이 오면 움직임이 더 바빠진다. 사람들에게 요구하는 것도 많아진다.

다음에 소개된 일화들은 직장에서 '소리 지르는 그녀'로 인해 고통받은 여성들의 실제 경험담이다. 지금 당신의 경우와 비슷한 점이 있는지 살펴보라. '소리 지르는 그녀'는 모든 유형 중에서 가장 알아차리기가 쉽다. 그녀가 건물 안으로 발을 내딛는 순간부터 그녀의 목소리가 울려 퍼질 테니까.

루이자, 여, 53세, 교사

저는 평소에 일도 하고 여행도 할 수 있는 외국 교환 교사 제도에 대해 관심이 많았어요. 그래서 영국에 있는 한 여교사와 연락이 닿자마자 학교를 바꿔서 일하기로 했고, 서로의 집에서 생활하기로 했어요.

그런데 막상 영국 학교에 도착하고 보니, 제가 맡기로 한 반이 시끄럽고 문제를 많이 일으키기로 유명한 반이었어요. 게다가 학생들도 저를 그다지 반기는 거 같지도 않았고요. 그래도 학교 자체는 학업 성과가 우수하기로 유명한 곳이었죠. 항상 최고의 성적을 내는 것을 자랑스럽게 여기는 학교였거든요.

저는 그곳에서 우악스러운 중년의 여교사인 베티를 만났어요. 그리고 사건이 시작되었죠.

첫 번째 학기가 끝나고 방학이 시작되기 전에 제 멘토 선생님이 저를 불렀어요. 베티가 멘토 선생님에게 저에 대해 불평했다는 거예요. 제가 아이들을 가르치는 일에 조금 더 분발해야 할 것 같다면서요.

저는 무척 충격을 받았어요. 저한테 개인적으로 와서 그런 말을 한 적이 한 번도 없었거든요. 더군다나 베티가 제 상사나 멘토는 아니잖아요? 기분이 정말 우울했어요. 제가 바람직한 교사가 아니라는 뜻이잖아요. 그래서 베티와 이 문제에 대해 꼭 한번 이야기해야겠다고 생각했죠.

그 일이 있고 며칠 후, 저는 교무실에 있는 베티를 발견하고 그녀에게 다가갔어요. 그리고는 제 나름대로 최선을 다해서 일하고 있다고 말했죠. 그녀는 제가 그렇게 말할 배짱이 있다는 걸 알고 무척 놀라는 눈치였어요.

"자기 할 말만 하다니, 무슨 대화가 그래요?"

갑자기 그녀가 소리를 꽥 지르더군요. 그 뒤로부터 그녀는 저를 싹 무시하는 거예요. 결국 교장 선생님께 가서 저는 가르치는 데 최선을 다하고 있다고 거듭 강조해서 말씀드리기에 이르렀어요.

2학기 끝날 무렵, 베티가 저를 회의 시간에 부르더군요. 베티는 저를 보더니 또 다시 대뜸 소리를 지르는 게 아니겠어요?

"호주에서 도대체 뭘 배운 건가요? 영국에서는 교사 교육을 아주 잘 시키죠. 그런데 당신을 보니까 호주의 교사 훈련 시스템은 형편없는 모양이군요!"

그 말에 어이가 없어서 제가 말했죠.

"걱정하시는 건 알겠어요. 그런데 저는 정말 열심히 일하고 있거든요. 아, 그리고 제가 영국 시스템으로 교육받지 않은 건 인정해요. 그런데 여기 영국 학생들도 그다지 교육을 잘 받은 것 같진 않더군요."

그랬더니 그녀는 화가 머리끝까지 난 거예요. 제가 겁에 질려 더 이상 아무 말도 못 할 정도로요. 정말이지 제 따귀라도 한 대 때릴 기세였죠. 그녀는 완전히 열이 받아서 씩씩대며 저를 헐뜯기 시작했어요.

"졸업반 학생들이 그러는데, 그쪽 수업에서는 별로 배운 것도 없다더군요!"

저도 곧바로 맞받아쳤죠.

"학생들 말을 어떻게 다 믿겠어요? 물론 겉으로는 그렇게 이야기하겠죠. 하지만 수업 목표에 관한 내용은 다 배웠답니다."

그랬더니 그녀가 거의 몸부림치듯이 외쳤어요.

"당신은 교육적인 열의가 정말 부족해요! 교사로서 지녀야 할 자질도 없고요. 아무래도 충고가 좀 필요한 것 같으니, 다음 수업엔 교장 선생님을 참관시키겠어요!"

나중에 이 이야기를 듣고 교장 선생님도 충격을 받으신 듯했어요. 제가 안쓰러우셨는지 제가 맡은 반이 전교에서 제일 까다롭기로 유명한 반이라고 말씀해주시더군요. 수업 참관 후에는 아무것도 지적할 게 없다고 하셨죠. 제가 다 알아서 잘하고 있다고요.

그런데 그 뒤부터 베티는 더 못되게 굴기 시작했어요. 사소한 일에도 트집을 잡아 소리치기 일쑤였고요. 저도 너무 지친 나머지 교무실에서 울기까지 했어요. 보다 못한 한 선생님이 베티한테 저를 좀 봐주라고 이야기했나 봐요.

그다음 주 월요일 아침이었어요. 베티가 교무실로 전화를 건 모양이에요. 수화기 너머로 "루이자는 어디 있죠!"라고 호통치는 소리가 똑똑히 들렸거든요. 제가 수화기를 건네받자 또 버럭 소리치는 거예요.

"아니, 9시에 회의하기로 한 거 몰라요?"

그때가 정확히 9시 되기 3분 전이었어요.

"지금 당장 내려와요!"

그녀가 또 다그쳤어요. 그렇게 그녀의 사무실로 들어갔죠. 사무실에 들어서니 한 선생님이 바짝 긴장한 채 무언가를 적으려고 준비하고 있었어요.

"듣자 하니 금요일에 기분이 언짢았다던데……. 교무실에서 찔찔 짰다면서요?"

베티가 말했어요. 저는 차분히 대답했죠.

"죄송한데, 더 이상 회의에 참석하는 건 힘들겠네요. 생각을 좀 정리해야 할 것 같아서요."

저는 후들거리는 다리를 가까스로 움직여서 수업이 있는 교실로 향했어요. 눈물이 왈칵 쏟아지는 걸 참느라 한참 애를 먹었죠.

그렇게 힘들게 교실 문 앞까지 갔는데, 글쎄 베티가 이미 선수를 쳐서 교실 문 앞에 와 있는 게 아니겠어요. 두 팔을 크게 벌려서 교실 문을 가로막고 있는 거예요. 제가 못 들어가도록 말이죠.

"지금 어딜 들어가려고 그래!"

그녀가 고래고래 소리를 질러댔어요. 아, 그때의 그 비참한 심정이란……. 전 그 길로 제가 묵던 집으로 돌아갔죠. 그리고는 스트레스를 이유로 일주일 동안 병가를 냈어요. 알고 보니 베티가 이전에 다른 교사한테도 무례하게 군 적이 있다고 하더라고요.

결국 저는 정신적인 후유증을 치료하기 위해 심리 상담을 받기 시작했어요. 평정심을 완전히 되찾기까지 6개월이나 걸렸어요. 베티가 정말 너무나 무서웠거든요. 다시 학교에 복직해서는 모든 걸 잊고 싶은 마음에 일에만 몰두했어요. 영국에서의 마지막 학기가 다 끝나갈 때쯤엔 완전 녹초가 되었죠. '처음부터 내가 그녀를 건들지 않았으면 아무 일도 없었을 텐데' 하는 후회뿐이었어요.

루이자의 일화를 분석해보자. 우선, 사태가 그렇게까지 악화된 데는 교장 선생님이 리더십을 제대로 발휘하지 못한 탓이 크다. 모든 교사들이 안심하고 일할 수 있는 안정된 분위기를 마련하지 못한 것이다.

더군다나 교실 문을 막고 루이자를 못 들어가게 했는데도 아무도 말리는 사람이 없었다. 베티와 학생들은 작정하고 그녀를 따돌렸고, 다른 선생님들도 그 상황을 지켜보며 수군댔을 뿐이다. 루이자를 위해 나서는 교사가 아무도 없었다는 사실은 그녀를 더욱 비참하게 만들었다.

'소리 지르는 그녀'는 한번 화내기 시작하면 제어할 수 없다. 걷잡을 수 없는 정도로 화가 치솟기 때문이다. 그러니 교사들 모두 그녀를 무서워할 수밖에. 루이자는 활화산 같은 그녀와 정면으로 맞닥뜨린 것이다. 온몸으로 교실 문을 막다니, 가당키나 한 일인가. 그때 루이자가 자리를 피한 것은 현명한 처사였다.

루이자는 영국 학교에서 환대받지 못한 현실을 씁쓸하게 받아들일 수밖에 없었다. 그래서 학교의 무관심이나 비협조적인 태도를 추궁하지도 않았다. 그 대신 '내 능력을 높이는 수밖에 없어'라고 마음먹었다. 그녀는 매일 저녁마다 수업을 준비하고 계획하는 데 모든 시간을 할애했다. 바닥에 떨어진 자존심을 회복하기 위해 행동 하나하나를 의식하며 조심해야 했다.

그러는 와중에 지쳐서 울었던 적이 한두 번이 아니었다. 하지만 그녀는 최선을 다했다. 이는 나중에 그녀가 맡은 반의 성적으로 증명되었다. 그럼에도 불구하고 루이자의 나긋나긋한 태도가 오히려 베티를 더 자극한 모양이었다.

결국 루이자는 정신적인 후유증에 시달리다가 심리 상담을 받기에 이르렀다. 호주로 돌아온 후에도 상담은 계속되었고, 회복까지 6개월이라는 긴 시간이 걸렸다. 그제야 비로소 그녀는 원래의 호주 학교로 복직할 수 있었다고 한다.

리아, 여, 39세, 특급 호텔 종업원

> 저는 신입이었어요. 긴장한 마음으로 첫 출근을 했죠. 근무일지를 가지고 가서 오늘 할 일이 뭐냐고 그녀에게 물어봤어요. 그랬더니 근무일지를 부엌까지 가지고 와서 귀찮게 하느냐고 저를 잡기 시작하는 거예요. 바보가 된 기분이었죠. 전 그냥 잘하려고 그런 건데. '완전히 당하는 기분이 이런 거구나' 싶었어요.

그녀는 사소한 일에도 심하게 닦달하는 그런 상사였어요. 막무가내였죠. 무조건 자신의 방식대로만 일하라는 거였어요. 또 엄청나게 무례해서 직원들에게 소리를 버럭버럭 질러댔죠. 물론 자기가 좋아하는 직원들에게는 예외였지만요.

그녀에게 제발 다른 데다 화풀이하라고 말할 용기라도 있으면 좋았을 텐데. 그렇게 소리 질러대는 걸 한번 지켜보세요. 어안이 벙벙하도록 충격적이라 아무 대꾸도 하기 어려워요.

전 아직도 그녀가 소리 지를 때의 충격을 잊지 못해요. 직원들 모두 석상처럼 온몸이 뻣뻣이 굳은 채로 서 있기만 했어요. 직원 중 누군가가 신경에 거슬리는 일이라도 하면 어찌나 무자비하게 퍼붓는지. 더군다나 항상 기분이 안 좋아 보였어요. 차라리 동물하고 같이 일하는 게 낫겠다는 생각이 들 정도였어요. 동물이라면 최소한 어떻게 다루어야 할지 예측할 수는 있으니까요.

하지만 리아는 뒤늦게 그 상사가 개인적인 악감정으로 자신에게 소리 지른 건 아니라는 사실을 깨달았다고 한다. 그래서 나중엔 그녀의 화내는 행동에 무뎌지게 되었다. 그녀는 그저 고집 센 마귀할멈 같은 사람이었을 뿐이다.

메리, 여, 43세, 재무 설계

새로운 직장에서 개최하는 첫 회의에 참석했을 때였어요. 제 상사가 개막 연설을 하고 있었죠. 그런데 저는 남자 동료 한 명과 함께 그만 지각하고 만 거예요. 그래서 U자 모양으로 되어 있는 단상 뒤로 살금살금 돌아가 겨우 제자리를 찾고 앉았죠.

그런데 그런 저를 보더니 갑자기 그녀가 버럭 소리를 지르는 거예요.

"메리! 당장 앞으로 와서 앉아요!"

그녀의 손가락이 자기 바로 앞에 놓인 테이블을 가리키고 있었어요.

"왜요?"

제가 멍해져서 순진하게 물어보았죠. 그랬더니 명령을 반복하더군요.

"여기 와서 앉아야 내가 제대로 지켜볼 거 아녜요!"

저는 직원들 다 있는 데서 망신을 당한 거예요. 아니, 제가 무슨 문제 있는 직원도 아니고 도대체 뭘 지켜본다는 건지. 그녀와 그전까진 제대로 만난 적도 없었거든요. 그저 화상회의 때 몇 번 본 게 전부죠. 그런데 같이 지각한 남자직원인 크리스는 그냥 뒤에 앉아 있게 놔두더군요. 정말 화가 났어요. 어쨌든 그녀는 남자 못지않게 터프한 사람이었어요. 절대 성질을 건드리면 안 되는 거였죠. 그러면 자폭하는 거나 마찬가지일 테니까요. 부드러운 구석이라고는 전혀 없는 여자였어요.

고래고래 소리부터 지르는 그녀의 행동 유형

- '소리 지르는 그녀'는 성미가 매우 급하다. 화를 폭발시키고 황소고집에다 작은 일에도 쉽게 동요한다. 냉소적이고, 매사에 부정적이며, 뭐든지 혼자 쥐고 흔들려고 한다. 충동적이고 쉽게 지루해하기도 한다.
- 소리를 자주 지르거나 언쟁을 벌이는 등 주로 상대방을 위협해서 일을 진행시킨다.
- 항상 자신을 주목해주길 바란다. 직원들 모두 하던 일을 멈추고 그녀가 원하는 것을 무엇이든 발 빠르게 처리하길 원한다.
- 늘 기분이 나빠 보인다.
- 당신의 능력, 일하는 속도, 관심사, 일에 대한 이해력에 대해서 대놓고 따진다.
- 마치 연기하듯이 소리 치기도 한다. "아니, 여기 이것 좀 보라니까!" 하면서 따지는 식이다.
- 그다지 질서 정연한 타입이 아니다. 그래서 항상 마감이 가까워지면 불안해서 큰소리를 낸다.
- 화가 나면 발을 구르면서 탁자를 쾅쾅 쳐댄다. 마치 상대방을 칠 것처럼 위협적으로 팔을 흔들기도 한다.

'왜 소리 지르는 것일까?' 그녀의 심리

그녀가 화를 잘 내고 소리 지르는 이유는 다름 아닌 '불안감' 때문이다. 그녀가 불안감에 허우적댄다는 점을 알아두자. 그러므로 그 불안감에 부채질하지 않는다면 그녀와의 관계를 어느 정도 회복할 수 있을 것이다.

원인 1 불안하고 무섭기 때문이다

하는 일마다 실패할 것 같고, 항상 자신이 부족한 것 같은 불안함이 그녀의 폭력적인 행동의 원인이다. 불안감이 너무 커져서 참을 수 없을 지경에 이르면 소리를 지르는 것이다. 마치 끓어 넘치기 직전의 주전자 같다고나 할까.

실패가 두려운 나머지, 그녀는 자신이 공격당하기 전에 먼저 선제공격을 하려는 것이다. 소리 치는 것은 자신의 우월함을 표출할 수 있는 손쉬운 방법이기 때문이다.

원인 2 화가 났기 때문이다

그녀가 당신 한 명만 겨냥해서 소리 지르는 것은 아니다. 사실 그녀는 자신의 화를 세상에 표출하고 있을 뿐이다. 상하 관계가 제대로 갖추어지지 않고, 책임 회피를 하는 직장이라면 '소리 지르는 그녀'의 목소리가 더 커질 수 있다. 하지만 무엇 때문에 그렇게 화가 났는지 일일이 알 도리는 없다. 사실 진짜 화나는 이유가 업무와는 전혀 관련이 없을지도 모르는 일이다.

원인 3 **직원 관리가 전적으로 자신의 책임이라고 생각하기 때문이다**

그녀는 어느 누구도 믿지 못한다. 자신이 직원들의 머리 꼭대기에 있지 않으면 직장의 질서가 붕괴된다고 생각하기 때문이다. 자기 혼자 팀 전체를 책임진다고 생각하는 것이다. 다른 사람을 닦달해서라도 일을 진행할 수 있는 사람은 순전히 자기뿐이라고 믿는다. 그래서 그렇게 폭력적이면서도 깐깐하다. 이런 태도가 성과를 위해서라면 얼마든지 정당화될 수 있다고 여긴다.

원인 4 **자신의 요구가 즉시 충족되길 바라기 때문이다**

그녀는 참을성이 부족하다. 자신의 요구나 지시가 즉각적으로 실행되기를 바란다. 회사를 위한다는 명분으로 자신이 하고 싶은 대로 마음껏 휘두르고 다니는 것이다. 사무실을 자신의 놀이터로 착각하는 듯하다. 소리를 질러대는 것은 극적인 효과를 최대화하기 위한 수법 중 하나다.

아마 그녀의 인생에서 직장 생활을 제외하면 본인이 철저히 주도권을 잡을 수 있는 자리가 별로 없을 것이다. 그래서 직장에서라도 확실히 자리매김하려 든다. 슈퍼에서 생떼 부리는 두 살짜리 철부지 아이와 똑같다. 한 가지 다른 점이 있다면 '소리 지르는 그녀'는 그 몹쓸 버릇을 고칠 수 있는 단계가 이미 지났다는 것이다. 안타깝게도 그녀의 태도는 개선될 여지가 별로 없다. 차라리 그녀를 피하면서 일을 하는 방법을 모색하는 편이 낫다.

혹시 당신이 오해하는 건 아닐까?

요즘 들어 당신의 상사가 소리 지르는 일이 잦아졌다. 게다가 그 소리는 점점 더 커지는 것만 같다. 하지만 당신이 모르고 있는 게 하나 있다. 바로 그녀의 어머니가 위독하시다는 것. 그녀는 어머니를 돌보며 일까지 하느라 심신이 지쳐 있는 상태다. 몇 주 동안이나 잠도 제대로 못 잔 그녀. 더군다나 중요한 보고서를 제출해야 해서 스트레스가 이만저만이 아니었다. 사실을 털어놓자니 당신 앞에서 무너지는 모습을 보일까 봐 참고 있었던 것뿐이다. 이런 사실을 까맣게 모른 채, 당신은 그녀가 이런 저런 명령을 하느라 소리만 질러대는 것으로만 보인다. 이런 사연이 있는 그녀가 과연 '소리 지르는 그녀'인 걸까?

'소리 지르는 그녀'와 일할 땐 이렇게

– 조용한 곳에서 차분하게 대안을 제시하라

그녀가 소리를 지를 때 당신은 어떤 기분이 드는가? 어떤 사람은 큰 소리가 자주 나는 집에서 자랐기 때문에 그녀의 행동에 그다지 개의치 않을 수 있다. 또 몇몇은 '정말 암울하네' 하는 정도로만 반응할 것이다. 그런가 하면 이런 상황에 익숙하지 않아 충격에 얼어버리는 사람도 있을 것이다. 혹은 그 상황을 재미있게 지켜보는 사람도 있을 것이다. 그저 아이들이 생떼 부리는 것을 멀찍이서 지켜보듯 말이다.

당신은 위의 반응 중 어디에 속하는가? 그것이 '그녀를 어느 정도 감당할 수 있는가'의 지표가 된다. 그녀 때문에 매우 두렵고 심한 스트레스를 받고 있다면 이를 참지 마라. 상담 심리 전문가의 도움을 받거나 조치를 취해야 할 것이다.

그렇다면 '소리 지르는 그녀'에게는 어떻게 대처해야 할까? 그녀가 소리 지를 때는 대개 아무것도 들리지 않는 상태다. 그러니 달래려고 그 어떤 말을 해줘도 소용이 없다. 차라리 그녀가 소리 지르기를 멈춘 후에 대화를 시도하는 편이 현명하다.

소리 지르는 것은 그녀 혼자만의 일방적인 행위일 뿐, 두 사람 간의 의사소통은 아니다. 그녀는 단순히 상대방을 위협하려고 소리를 질러대는 거다. 당신과 대화할 마음은 애초에 없다고 봐도 무방하다.

가끔 그녀는 감정에 너무나 복받친 나머지, 자신이 감정에 휩쓸려 있는지조차 모르는 경우가 많다. 따라서 그녀와 대화하려면 사람들 눈에 띄지 않는 조용한 곳으로 가야 한다. 그리고는 진심으로 그녀를 돕고 싶다고 차분하게 말하라. 그녀의 행복을 바라고 있다면서 말이다.

상사인 그녀가 원하는 게 무엇일까? 당신과 매일 아침 만나서 일정과 업무 진행을 같이 확인하는 것? 아니면 이렇게 민감한 시기에 눈에 띄는 성과를 내는 건 무리니 새로운 전략을 제시하길 바라는 걸까?

이렇게 대화를 시도해도 그녀는 오히려 언성을 더 높일지도 모른다. 하지만 당신은 그녀가 민감해하는 부분에 직접적인 해결책을 제시하려고 한 것뿐이니 최선을 다한 거다. 그녀와 대화할 때는 구체적인 대안을 제시해야 한다. 그녀가 많이 불안해할 때는 정말 어찌할 바를 모르는 경우가 많다. 따라서 그녀를 그냥 무작정 돕겠다는 건 별 도움이 되지 않는다.

그녀가 소리 지르기 시작할 때 동료와 함께 미리 모색해둔 대처법으로 맞서는 건 어떨까? 그런데도 도저히 그녀를 상대하기 어려울 것 같다면 다른 직장을 알아보는 편이 나을지도 모른다. 무작정 참는다고 좋은 결말이 온다는 보장은 없으니까.

‘소리 지르는 그녀’ 대처법!

- 그녀가 호통을 칠 때 웬만하면 자리를 피하라.
- 그녀가 직장의 잘못된 점을 이러쿵저러쿵 따질 때 할 일도 미루면서 다 들어주고 있을 필요는 없다. 그녀가 발동을 건다 싶으면 재빨리 도망쳐라.
- 그녀가 당장이라도 폭발할 것 같은 조짐이 보이는지 예의주시하라. 그녀의 불안감이나 스트레스가 증폭되지 않는지, 팔이나 온몸의 근육이 뻣뻣해지지 않는지 살펴보는 것이다. 그녀가 탁자를 치기 전에 자리를 피해야 한다는 징조니까.
- 그녀와 계속해서 언성을 높이거나 쓸데없이 견해차를 넓힐 필요는 없다.
- 그녀 때문에 일을 하기가 어려울 정도면 상사의 도움을 구하라.
- 그녀가 함부로 소리 지르는 것을 묵인하는 직장이라면 차라리 그만두는 편이 나을지도 모른다.
- 당신에게 부당하게 일을 시키려는 목적으로 그녀가 난리 칠 때 이를 봐줘서는 안 된다. 그녀가 벌인 난장판을 당신이 뒤처리할 필요는 없다.

'소리 지르는 그녀'가 상사라면?

1. 그녀와 대화할 때, 그녀가 혹시 출구를 막고 있는지 살펴봐라. 그녀가 심하게 소리를 질러대면 "죄송합니다" 하고 빨리 빠져나가도록 출구 가까이 있어야 한다.

2. 그녀가 업무를 지시할 때 소리를 질러댄다면 집중할 수 있게 노트에 적어두는 게 나을 것이다.

3. 그녀가 옆에 다가오면 심호흡을 해라. 평소에 요가를 한다거나 긴장을 풀 수 있는 수업을 듣는 것도 좋다.

'소리 지르는 그녀'가 동료라면?

1. 그녀가 마구 소리를 지르면 "좀 진정되신 후에 다시 오겠습니다" 하고 양해를 구하라.

2. 되도록 회의를 짧게, 훈훈한 분위기에서 마칠 수 있도록 해야 한다. 만약 문제 제기할 게 있으면 개인 입장에서 말하지 말고, 팀 전체의 입장에서 말하도록 하라.

3. 그녀가 목소리를 높인다고 당신도 맞받아치면 안 된다. 그럴수록 조용한 말투로 대꾸해야 한다. 그래야 그녀가 당신이 뭐라고 하는지 듣기 위해서라도 주춤할 테니까.

4. 당신이 잘못 듣거나 이해하지 못한 부분이 있으면 "죄송하지만, 다시 한 번 반복해주시겠어요?" 하고 부탁하라. 그렇게 하면 말을 반복하는 동안 그녀의 목소리도 어느 정도 가라앉을 수 있다.

'소리 지르는 그녀'가 부하 직원이라면?

1. 그녀에게 좀 더 차분해졌으면 좋겠다고 말하라. 그녀에게 자신이 어떤 행동을 하는지 알고 있나 물어보는 것도 좋다. 당신이 이런 문제에 반응을 보이는 첫 상사인지도 모른다. 그녀에게 허심탄회하게 속마음을 이야기할 기회를 준다면 기쁘게 받아들일지도 모르는 일이다.

2. 그녀가 문을 박차고 들어오거나 소리를 지르려고 하면 친절한 말투로 나가서 안정을 찾고 돌아오는 게 좋겠다고 말하라.

06

"까짓 거 속이면 좀 어때!"

: 거짓말하는 그녀들

롤라는 인생은 즐겨야 한다고 믿는다. 그야말로 순간을 위해 사는 것이다. 매일매일 짜릿하고, 즐겁고, 새로운 경험으로 가득 차길 바란다. 그래서 잘못을 하고도 그냥 얼렁뚱땅 넘어가려고 한다.

사람들을 살짝살짝 속이는 게 얼마나 긴장감 있는지 모른다. 속이는 기쁨이랄까? 사람들이 자신의 거짓말에 감쪽같이 속으면 세상 무엇보다 짜릿하다. 그 기분을 느끼기 위해서라면 못할 게 없다.

'좀 들통 나면 어때? 누군가 곤란에 빠진들, 뭐 그게 대수겠어? 인생 자체가 한 판의 게임 같은 건데.'

이것이 그녀의 생각이다.

리사는 어떨까? 현재 그녀의 인생도 별다른 일 없이 밋밋하기만 하다. 회사 일도 재미없다. 이제 겨우 35살인데 말이다.

문득 최근에 그녀의 시누이가 유방암으로 치료받는 동안, 주변에서 끔찍하게 챙겨주던 일이 생각났다. 어찌나 다들 시누이에게 잘해주던지, 살짝 질투가 날 정도였다.

어느새 자신도 모르는 사이, 유방암 증세를 흉내 내는 그녀. 슬쩍 동료에게 가서 이렇게 말한다. 직장에 소문을 내고 싶지는 않은데, 아마 몇 달 동안 항암치료를 받아야 해서 좀 힘들어질 거라고. 그나마 조기에 발견해서 천만다행이라고 말이다. 하지만 너무 신경을 써서 보고서를 금요일까지 끝낼 수 있을지 모르겠다는 거다.

리사의 거짓말이 들통 나기까지는 아마 시간이 좀 걸릴 것이다. 거의 전문 사기꾼 수준으로 교묘하게 말을 지어냈기 때문이다. 하지만 일단 들켰다 하면 그녀에 대한 신뢰가 와르르 무너질 것은 안 봐도 뻔하다.

피비, 여, 49세, 통신회사 중역

> 그녀는 꼭 다른 부서에 책임을 전가하는 버릇이 있어요. 일이 잘되면 자기 덕, 못되면 남 탓이었죠. 그러다 보니 회사를 위해 주말까지 반납하며 일한 다른 부서의 공이 다 그녀에게 돌아갔죠. 물론, 그녀는 다른 부서의 피땀 흘린 노력에 대해서는 입을 싹 닫았어요. 그뿐인가요. 그 누구에

게도 고맙다는 말을 하지 않았어요.

그런 그녀에게도 추종자가 있던 모양이에요. 종종 익명의 추종자들이 그녀에게 꽃을 보내더군요. 게다가 출장만 가면 다른 곳에서 스카우트 제의가 많이 들어왔다고 하더라고요. 우리는 부러워했죠. 이런 관심이 그녀의 기분을 좀 나아지게 하는 모양이었어요.

사실 그녀는 굉장히 힘든 시기를 보내고 있었거든요. 어머니는 혼수상태고, 남편과는 사별했으며, 딸은 차 사고로 목숨을 잃었대요. 심지어 그녀가 기르던 애완견까지 누가 훔쳐갔다는 거 아니겠어요. 한동안 그녀가 겪은 비극이 고구마 줄기처럼 줄줄이 터지는가 싶었어요. 그런데 이제는 글쎄, 자기가 암에 걸렸다는 거예요. 직원들 모두 가슴이 철렁해져서 그녀를 가엾게 여겼어요. 여태까지 그녀가 했던 꼴불견 행동도 다 잊기로 하고요. 그렇게까지 힘든 상황이었으니 고맙다는 말 한마디 못하는 게 어찌 보면 당연한 거겠죠.

그녀는 유독 제게 더 못되게 굴었어요. 모든 잘못을 제게 돌리며 저를 공공의 적으로 만들려고 했죠. 사실무근인 말을 지어내면서 제가 무능력하다고 몰아붙였어요. 그런 비난에는 정면 대응할 필요가 있었죠. 그래서 저는 그녀에게 만나서 이야기 좀 하자고 했어요. 하지만 그녀는 항상 시간이 없다는 핑계를 대더라고요. 저는 굴하지 않고 계속해서 대화를 시도했지만, 그때마다 항암치료를 받아야 한다며 저를 만날 시간은 끝내

없다고 하더군요.

그러던 어느 날, 그녀의 하나 남은 딸이 외국에서 그만 불의의 사고를 당했다는 소식이 들렸어요. 그녀는 그 길로 병간호를 하러 외국으로 나갔고요. 모두 그런줄 알았죠. 그런데 무슨 일이 있었는지 아세요? 글쎄, 회사 직원 한 명이 시내에서 버젓이 쇼핑하고 있는 그녀를 목격한 거예요! 외국으로 나간 줄로만 알았는데 말이죠. 그때부터 회사에서 그녀에 대해 본격적으로 뒷조사를 하기 시작했어요.

그랬더니 세상에, 사실인 게 하나도 없었던 거예요. 전부 다 거짓말이었어요. 이력서에 구구절절 써진 멋진 삶을 한 번도 경험한 적이 없었던 거죠. 그녀는 남편도 없었고, 아이도 없었고, 심지어 애완견도 없었어요. 물론 암에 걸렸다는 것도 거짓말이었고요! 그녀에게 껌뻑 죽는 추종자도 있을 리 만무하죠. 꽃다발도 자신이 직접 보냈던 거예요.

다른 부서 사람들은 그녀와 부딪치기 싫어서 조용히 있었어요. 그런데 그녀의 거짓말이 들통 나자 자신들이 지금까지 그녀를 대신하여 주말 업무를 해왔던 걸 상부에 알려버렸죠. 그녀가 한 것은 아무것도 없다는 말도 함께요.

회사에서 그녀에게 대놓고 그랬대요. 만약 지금 그만두면 퇴직금도 주고, 더 이상 잘못을 캐묻지 않겠다고요. 당연히 그녀는 회사를 그만두었어요. 그 뒤로 다른 회사에 들어갔는데 거기서도 골칫거리인가 봐요.

대부분의 회사에서는 이런 문제를 가지고 흙탕물 튀기는 법정 싸움까지 가는 것을 끔찍히 싫어해요. 괜히 직원들을 비롯해 다른 증인까지 끌어들여 그들의 심기를 불편하게 하는 것도 원치 않고요. 시간과 돈 낭비는 말할 것도 없죠.

평소 제 철학은 이거였어요. 열린 자세를 가지고 정직하고 올곧게 행동한다면 결과는 항상 좋을 거라는 것. 하지만 이런 경험처럼 그렇지 않은 상황이 생기기도 하더라고요.

준, 여, 29세, 여행사 근무

그녀는 남의 일에 참견하는 데 맛 들린 것 같았어요. 저보다 훨씬 나이가 많았으니 아는 것도 많아 저를 이렇게 저렇게 속이기도 했고요.

저는 제가 맡은 업무가 전혀 진행이 안 되고 있다는 사실을 몰랐어요. 그녀가 저한테 거짓 정보를 줬으니까요. 어떤 대리 한 명과 이야기를 하다가 그녀가 했던 거짓말이 들통 난 거예요. 그녀가 말했던 사항에 대해서 조사해봤는데 모조리 거짓말이었죠.

한번은 제가 남자 상사 한 명을 찾아갔었어요. 그분은 예전에 그녀에게 "그쪽이 잘못한 거야"라고 야단친 적이 있었거든요. 그래서 그분과 이야기가 통할 거로 생각했죠. 하지만 그것은 저의 착각이었어요. 그분은 아예 그녀와 관련된 이야기라면 하고 싶어 하지 않는 눈치더라고요.

제가 겪은 바로는 대부분의 상사들은 회사에 곤란한 일이 생기는 걸 원치 않아요. 특히 이런 일에는 더욱더 연루되기 싫은 거죠. 회사에서 무슨 일이 벌어진 건지 알아보려고도 안 해요. 자신과 오래 일한 직원들 말만 듣고, 신입사원들 이야기는 한 귀로 흘려버려요. 하지만 이런 분란이 감당하기 어려운 지경이 되면 그때서야 부하 직원을 시켜 누군가를 해고하거나 문제를 해결하려 하지요. 아니, 직장 분위기를 난장판으로 만든 직원 한 명 해고하는 게 뭐가 그리 무서워서 벌벌 떠는지. 상사들의 이런 태도는 정말 유감이에요. '거짓말하는 그녀'가 직장에 없으면 회사가 훨씬 효율적으로 돌아갈 텐데 말이죠.

입만 열면 거짓말인 그녀의 행동 유형

- 그녀는 잘난 체하고, 막무가내다. 쉽게 지루해하고, 모든 일에 태평하다. 무신경하고, 참을성도 없고, 쉽게 흥분하며, 충동적이다. 잔혹하고 약삭빠른 면도 있다. 난관으로부터 쉽게 빠져나가는 기질도 가지고 있다. 왠지 그녀 앞에서 조심스러워지는 당신, 거짓말을 쉽게 하는 그녀의 대담성에 어이가 없다.
- 지나치게 감정적으로 굴거나 극적인 장면을 연출하기도 한다. 감정조절도 잘 못 한다. 분노를 폭발하거나, 울음을 한바탕 터뜨리는 모습을 보여주는 것이다.

- 처음에는 '왜 그렇게 내가 그녀를 못 믿을까' 하는 의구심이 들 것이다. 하지만 왠지 못 미더워 보이는 그녀.
- 마음만 먹으면 자신을 아주 매력적으로 포장할 수 있다. 상대방을 설득시키는 능력이 뛰어나다.
- 만약 자신의 행동이 추궁당할 것 같으면 그 자리를 피하려고 온갖 변명을 한다.
- 낮은 업무 실적에 대해 변명을 늘어놓는다. 주로 아프다는 핑계다.
- 맡은 업무에 대해 무책임하다. 작은 일이든 큰일이든 업무가 잘못되는 것은 절대 자신의 탓이 아니다.
- 사람들에 대한 동정이나 공감이 부족하다. 염려하는 마음도 별로 없다.
- 자신의 거짓말이 들통 난다 해도 당신의 눈을 똑바로 바라볼 수 있다. 낯빛도 안 바꾸고 또 다른 거짓말을 한다.
- 자신의 목적을 위해서라면 무슨 말이든, 어떤 짓이든 할 수 있다.
- 사실을 추궁당하면 짜증을 낸다.
- 자신의 목적을 위해서는 물불을 안 가리지만, 직장 전체의 목표에는 관심도 없다.
- 당신의 서류함에 분명히 파일을 넣어두었다는 식의 난리를 쳐서 애꿎은 당신의 시간을 잡아먹는다.

'왜 거짓말하는 것일까?' 그녀의 심리

당신은 '설마 일하는 직장에서 거짓말을 하겠어?'라고 생각할 수도 있다. 하지만 '거짓말하는 그녀'는 너무나도 능글맞아서 마음만 먹으면 개인뿐만 아니라 회사 전체를 속일 수도 있다.

'거짓말하는 그녀'의 심리에 깊은 문제가 있을 확률이 높다. 자신은 무슨 짓을 해도 절대로 비난받지 않을 거라고 믿기 때문이다.

하지만 그녀의 밥 먹는 듯한 거짓말에 정당한 이유란 없다. 그저 그녀의 거짓말로 인해 당신에게 생길 수 있는 악영향을 최소화하도록 조심하는 것만이 최선의 방법이다. 못 미더운 그녀의 시선을 피해서 어떻게든 당신이 맡은 일을 해내라.

원인 1 자기가 한 거짓말을 그대로 믿기 때문이다

그녀는 자기 자신밖에 모른다. 혼자만의 비현실적인 세계에 살면서 그럴싸한 거짓말을 지어내는 거다. 어찌나 능청스러운지 그녀를 대하기가 정말 어렵다.

그녀는 자신 스스로 지어낸 말을 믿어버린다. 그래서 자신의 경험과 배경을 부풀려서 말하는 것이다. 거짓말과 현실을 구분하지 못한다. 그렇게 철판을 깔고 있으니 그녀에게 진실을 밝히라고 추궁하기가 쉽지 않다.

원인 2 근본적으로 그녀의 심리에 문제가 있다

그녀는 인생의 밑바닥까지 내려가지 않는 이상, 아마 거짓말을 멈추지 않을 것이다. 어차피 양심에 일말의 가책도 못 느낀다. 그녀에겐 모든 게 게임 같을 뿐이다. 사실 사람들이 왜 자신의 거짓말을 심각하게 받아들이는지도 잘 모른다.

원인 3 사람들의 관심을 끌고 싶기 때문이다

사람들의 이목을 끄는 데 혈안이 되어 있는 '거짓말하는 그녀'는 사람들의 환심을 사려고 안간힘을 쓴다. 모든 관심이 자신에게 집중되길 바라는 마음이 너무 지나치기 때문이다. 그래서 자신이 아프다고 하면 사람들이 우르르 몰려들 거로 생각해서 계속 아픈 척한다. 사람들이 달려와서 위로해주고, 그녀가 지금은 일을 제대로 못하겠거니 하고 봐주는 동안 이 수법은 계속될 것이다. 하지만 그녀에게 관심을 두지 않는다고 해서 그녀의 태도가 개선되는 것은 아니다.

원인 4 자신의 무능력이 드러날까 봐 두렵기 때문이다

그녀는 직원들과 대화하기 싫을 때, 회의에 참석하기 싫을 때, 하기 싫은 업무를 해야 할 때, 아프다는 핑계를 대고 거짓말을 한다. 자신의 무능력이 드러나는 것을 두려워하면 할수록 거짓말은 눈덩이처럼 커져

만 간다. 실적이 기대에 못 미쳐도 "아팠어요"라고 하면 더 이상 추궁하기가 어렵기 때문이다.

그런데 따지고 보면 그녀가 능력이 없는 건 아니다. 그저 일보다 다른 것에 관심을 쏟는 것뿐이다.

혹시 당신이 오해하는 건 아닐까?

다른 부서에 있는 동료 한 명이 당신에게 곧 회사가 다른 회사에 합병될 거라고 한다. 놀란 당신은 곧장 상사에게 달려가서 물어본다. 그런데 그녀는 합병될 리가 없다고 단정적으로 말한다. 여기엔 당신이 모르는 속사정이 하나 있다. 바로 그녀가 회사의 '비밀 유지 계약서'에 사인했다는 것. 상부로부터 아무에게도 합병 사실에 관해 이야기하지 말라고 당부받은 것이다. 그녀는 이 계약을 지키기 위해 당신에게 불가피하게 거짓말을 했다. 이런 사실을 모른 채 당신은 그녀를 보면서 불현듯 옛날 일이 떠오른다. 대학교 때 당신의 가장 친한 친구가 당신의 남자친구가 바람피우는 걸 알면서도 아니라고 잡아뗀 것이다. 그때부터 당신은 거짓말이라면 치를 떨었다. 하지만 업무와 관련해 어쩔 수 없는 거짓말을 했다고 해서 당신의 상사가 '거짓말하는 그녀'가 되는 걸까?

'거짓말하는 그녀'와 일할 땐 이렇게

– 그녀와의 대화는 항상 메모해라

'거짓말하는 그녀'는 사람들을 조종하길 좋아한다. 심지어 거짓말을 숨기기 위해 당신을 끌어들이려 할 수도 있다. 자신의 거짓말에 동조해달라는 거다. 아니면 최소한 눈이라도 감아달라고 한다.

그녀의 말에 동의할 때는 시간을 두고 천천히 고민해야 한다. 매우 신중해야 하는 것이다. 둘 사이에 오갔던 대화를 메모하는 것도 현명한 방법이다.

물론, 당신이 분석적이고 냉철한 직장 여성이라면 재빨리 그녀를 도와줄 때 얻을 수 있는 장단점에 대해서 따져볼 수 있을 것이다. 또한 그녀가 뭐라고 생각하든 간에 "그건 싫은데요"라고 말할 용기가 있을지도 모른다. 하지만 직장 동료가 당신 앞에서 고집을 피우거나 사정하는데 과연 단칼에 거절하기가 쉬울까? 특히 그녀가 당신을 이용하려고 요리조리 궁리하는 '거짓말하는 그녀'라면 더욱더 말이다.

그저 상투적으로 남의 말에 "네"라고 답하는 태도에서 벗어나려면 어떻게 해야 할까? 정답은 간단하다. "싫어요"라고 말하는 법을 배우면 된다. (244쪽 참고)

다음은 직장에서 '거짓말하는 그녀'를 대하는 전략이다. 이 방법은 '불안한 그녀'에 대처하는 데도 도움이 될 것이다.

'거짓말하는 그녀' 대처법!

- 사실을 정확히 파악하라. '거짓말하는 그녀'와 대화하려면 어떤 상황이든 정확하게 알아야 한다. 그녀가 하는 말은 믿을 만한 게 하나도 없을지도 모른다.

- 그녀가 거짓말이 섞인 대화를 시도하려고 하면 절대 받아주지 마라. 그녀가 이런저런 핑계를 대며 자신의 행동을 정당화할 때 그녀가 옳다고 옆에서 부추기면 안 된다.

- 그녀가 이런저런 수를 쓴다고 해도 항상 분명한 경계선을 그어야 한다. '내가 그녀를 받아줬을 때 입을 수 있는 피해가 무엇일까?' 자신에게 물어보아라. 왜 그녀의 행동이 당신을 그렇게 언짢게 하는지에 대해서도 명확한 답을 찾도록 하라.

- 그녀가 당신을 괴롭히기 시작하면 그녀에게서 떨어져야 한다. 때로는 도망치는 것이 최선의 방법이 될 수도 있다.

- 큰 분쟁이 일어날 것 같으면 그녀를 멀리하라. 당신이 감당하지 못할 지경에 이를 수 있다. 문제가 심각해지면 다른 동료나 인사과, 노조의 도움을 받는 것도 좋다. 자기 방어를 철저히 해야 한다.

- 그녀가 당신의 자존심을 짓밟게 내버려두면 안 된다. 당황해서 쩔쩔매기만 한다고 상황이 나아지지는 않는다.

- 그녀의 행동을 기록하고 서류로 만드는 게 도움이 될 수 있다.

'거짓말하는 그녀'가 상사라면?

1. 그녀와 문제가 생기면 끝이 별로 좋지 않을 수도 있다. 부서를 옮길 방법이 없는지 심각하게 생각해야 할지도 모른다.

2. 그녀와 단둘이 있는 자리를 될 수 있으면 피하라. 그녀와 하는 어떤 대화라도 증인이 필요하다.

3. 그녀가 모든 일에 거짓말할 수 있는 인물이란 걸 명심하라. 그녀가 당신에게 요청하거나 지시를 내리면 이를 메모하는 게 좋다.

'거짓말하는 그녀'가 동료라면?

1. 역시나 그녀가 모든 상황에서 거짓말할 수 있다고 예상하라. 중요한 소통은 서면으로 정리하고, 필요하다면 개인 노트에 적어라.

2. 꼭 필요한 경우를 제외하고는 그녀에게 되도록 무언가를 물어보지 마라. 정보를 수집할 때는 다른 직원을 통하는 것이 나을 것이다.

'거짓말하는 그녀'가 부하 직원이라면?

1. 그녀를 다른 부서로 옮길 방법이 없는지 생각하라. 당신은 상사로서 그녀 때문에 다른 직원에게 피해가 생기는 것을 최소화할 책임이 있다.

2. 그녀의 주요 업무에 대한 피드백을 수시로 주어야 한다. 피드백을 줄 때는 간단명료하게 하라.

3. 역시나 중요한 대화는 서면으로 정리하고, 되도록 필요한 정보는 그녀가 아닌 다른 직원을 통해서 얻어라.

07

"도대체 어떻게 승진한 거야?"

: 무능력한 그녀들

아이다는 어쩌다가 운 좋게 승진이 되었다. 그렇지 않아도 승진에 대한 열망이 가득하던 참이었다. 그런데 막상 승진하고 나니 일이 너무나 어려운 거다. 다행히 부하 직원들은 능력이 있어 보였다. 그녀는 깜찍하게도 직원들에게 능력을 충분히 발휘할 기회를 주겠다며 일을 무리하게 시켰다. 한마디로 자신의 프로젝트를 부하 직원들에게 전부 떠맡긴 것이다. 심지어는 서로 경쟁을 붙이기도 했다. 일하는 걸 봐서 한 명만을 특별히 자신의 심복으로 삼겠단다.

부하 직원들이 일을 잘해주는 덕분에 한껏 의기양양하게 다니는 그녀. 혹시라도 다른 상사가 끼어들어서 진상이 탄로 날까 봐 겁나기는 한다. 그래서 그녀는 틈만 나면 부하 직원들 실력이 영 글렀다고 불평한다. 게으르고 무능력하며 못 미덥다는 거다.

몇 달 뒤, 아이다의 동료 한 명이 새로운 일자리가 하나 있는데 부하 직원 중에 적임자가 없겠느냐고 물어온다. 당황한 그녀는 재빨리 없다고 둘러댄다. 한 명이라도 승진시켜버리면 남은 업무를 어떻게 처리할지 막막해질 게 뻔하니까.

잉그리드는 어떨까. 그녀는 회사 일이 잘 안 풀리면 꼭 부하 직원에게 화풀이하는 버릇이 있다. 그녀는 요즘 '내가 이 회사에서 8년이나 일했는데, 당연히 승진할 자격이 있지'라는 생각에 사로잡혀 있다. 그런데 정작 승진 자리가 생길 때마다 어쩐지 자신은 다른 동료들에게 묻히는 기분이 든다.

잉그리드의 습관 중 하나는 학교에 애들을 데리러 가야 한다며 일찍 퇴근하는 것이다. 그러면서 부하 직원인 줄리아의 책상에 회사 업무를 아무 말도 없이 떡하니 던져놓고 간다. 줄리아에게 그녀를 도와야 할 의무가 있는 것도 아닌데 말이다. '내가 나이도 더 많고, 여기 더 오래 있었으니 당연히 이 정도는 해줘야지'라는 게 잉그리드의 속마음이다.

결국 참지 못한 줄리아가 동료들에게 잉그리드가 얼마나 고약한 여자인지 털어놓기 시작했다. 그런데 직원들 모두 앞다퉈 자기도 잉그리드의 뒤치다꺼리를 해줬다며 흥분하는 거다. 잉그리드는 자잘한 업무를 직원들에게 넘기고 승진할 궁리만 했던 것이다.

직장 여성이 어떤 직급에 올랐다고 해서 그 직급이 요구하는 능력을 전부 갖춘 건 아니다. 아이다와 잉그리드 같이 일을 잘 못하는 '무능력한 그녀'는 어떻게 부하 직원을 꼬드여서 일을 시킬까 하는 생각뿐이다. 그런데도 뒤에서는 부하 직원을 험담하고, 직장 내 평판을 깎아내리려 한다.

하지만 놀랍게도 알고 보면 그녀는 모든 일을 충분히 해낼 능력은 된다. 그저 무작정 일을 안 하려고 꼼수를 부리는 것뿐이다.

당신이 그녀의 직급에 도전이라도 할 것 같으면 그녀는 한치 망설임 없이 무시무시한 성미를 드러낸다. 자신이 위협을 받는다고 생각하기 때문이다.

'무능력한 그녀'가 모든 일에 꼬치꼬치 참견하는 깐깐한 상사이기까지 하면 대하기가 훨씬 어려울 것이다. 그녀가 하는 모든 일이 도움은커녕 비생산적인 방해일 뿐이니 말이다.

반대로 그녀가 일에 그다지 열의가 없는 '무능력한 그녀'라면 상황은 그런대로 나쁘지 않다. 최소한 당신의 업무를 방해하지 않고 그대로 진행하게 놔둘 것이다. 괴롭히는 방해꾼이 없는 셈이니 한결 자유로워질 수가 있다.

단점도 있다. 당신에게 하나라도 더 좋은 정보나 자료를 주려고 심혈을 기울이는 상사가 없다는 뜻이니까. 당신의 경력을 발전시키는 데는 별 도움이 안 된다. 게다가 '무능력한 그녀'의 일까지 당신이 도맡아야 한다. 그런데도 월급은 그녀가 훨씬 더 많이 받다니. 그녀의 일까지 한다고 상사가 더 알아주는 것도 아니고, 보상도 안 주어지니 그저 억울할 뿐이다.

이런 '무능력한 그녀'의 행동은 알아차리기가 상당히 쉽다. 그녀가 동료이든 부하 직원이든 간에 시간이 지나면서 그녀가 일을 제대로 하지 못한다는 증거가 쌓이기 마련이다. 하지만 자신의 무능력을 감추는 능력이 매우 뛰어나기 때문에, 직장에서 그녀의 진면목을 알아차리기까지는 시간이 좀 걸린다. 그녀가 상사라면 당신도 모르는 사이에 그녀가 당신의 공을 가로채고 있을지도 모른다.

그럼 지금부터 그녀들의 행동 특징을 알아보도록 하자. 그 행동의 원인을 파악하면 그녀로부터 당신을 보호할 수 있다.

포티아, 여, 32세, 서비스업

관리직에 대한 경험도 없이 이 분야로 들어온 상사 밑에서 일한 적이 있어요. 잘 알지도 못하는 일을 하게 된 그녀는 스트레스 때문에 편집증

환자처럼 굴곤 했죠. 그래서 부하 직원들을 다루는 데 사내 징계 처분에 그토록 의존했는지도 몰라요.

한번은 제 동료가 사무실 냉장고에 맥주를 몰래 놔둔 적이 있었어요. 그런데 정황을 제대로 알아보지도 않고 그녀가 저한테 경고장을 준 거예요! 저뿐만 아니라 다른 직원들한테도 발끈했죠.

결국 그녀 때문에 너무 골치가 아파서 병가를 내고 잠시 회사를 쉬었어요. 그녀가 다른 직장으로 옮기고 나서야 다시 복직했고요.

테스, 여, 33세, 고객서비스 지원센터 직원

저는 직업군인과 그 가족을 보조하는 국가 기관의 행정 관리팀에서 시간제로 일하고 있었어요. 어느 날, 행정 관리팀의 책임자를 뽑는다는 공고가 떴어요. 행정 관리 쪽으로 경험이 있고 능력도 있어서 저는 곧장 신청서를 제출했어요.

그런데 이 자리를 누가 차지했는지 아세요? 글쎄, 행정 관리에는 전혀 경험이 없던 우리 기관의 식당 종업원 여자가 된 거예요.

그전까지는 제가 속한 팀이 단합이 굉장히 잘 되었어요. 그런데 그녀가 불쑥 들어오고 나서부터 꼭 스파이 한 명이 들어온 기분이었죠. 아니나 다를까 팀 안에서 일어나는 일은 아무리 사소한 것이라도 소리소문없이 윗사람들에게 알려지기 시작했어요.

그녀가 말하길, 앞으로 행정 관리팀 업무만 하는 직원은 일주일에 16시간만 일하게 하겠다는 거였어요! 저는 원래 시간제로 일주일에 26~34시간을 일하고 있었거든요. 그때부터 상황이 점점 더 웃기게 돌아가기 시작했어요. 그녀는 저를 포함해서 자신에게 위협이 된다고 생각한 직원들은 모두 야간 교대 근무로 돌린 게 아니겠어요?

그녀는 모든 일 처리도 미흡했어요. 보다 못한 저와 다른 직원들은 그녀가 실수할 때마다 일지에 그 내용을 일일이 적었어요. 안 그래도 실수를 많이 해서 자주 불려 가는 모양이더라고요. 그런데 항상 우리한테 잘못을 뒤집어씌우는 거예요. 우리가 그녀의 업무를 예의주시하고 있다는 걸 알고는 은근히 신경 쓰는 듯했어요.

그녀의 부당한 처사에 이의를 제시하면 항상 "그냥 내가 하라는 대로 해요! 내 말만 들으면 된다고!"라던가 "여기선 내가 책임자라니까!"라는 식이었어요.

결국 그녀의 수준 이하 행동을 참지 못한 저와 다른 직원들은 사직서를 내기에 이르렀죠. 우리가 그만두겠다는 뜻을 밝히자마자 그녀는 당장 그러라고 하더군요. 예의상 적어도 일주일 정도는 말미를 주는데 말이에요. 차라리 직원 수가 모자라는 편이 낫다고 생각한 모양이었어요. 우리가 계속 있으면 그녀에 대한 안 좋은 소문을 퍼뜨릴지도 모른다고 생각한 거죠. 체면이 깎일까 봐 두려웠던 거예요.

나중에 안 사실이지만 그녀는 책임자 자리가 너무 탐이 나서 경력을 속여서 일단 자리를 낚아채고 본 거였어요. 자신이 그 자리에 맞는 능력이 없는 게 들통 날 수도 있겠다 싶어서 늘 불안했던 거죠. 능력 있는 사람들에게 치이기 시작했으니까요.

결국 저도 다른 곳으로 직장을 옮겼어요. 그 후에 기관에서 저보고 다시 와달라는 전화를 몇 번이나 했죠. 그녀가 무용지물이라는 걸 드디어 눈치챈 모양이었어요.

이처럼 테스의 상사는 전형적인 '무능력한 그녀'의 모습을 보이고 있다. 그녀는 무능력할 뿐만 아니라 소리를 질러대고, 힘없는 부하 직원을 상대로 계략을 꾸미기까지 했다. 이런 행동의 근본적 원인은 무능력 때문이었다. 그녀는 거짓말로 꼼수를 부려 가로챈 직급에 걸맞은 능력을 갖추지 못했던 것이다.

언제 들킬지 모르는 무능력 때문에 늘 가슴 졸이는 그녀의 행동 유형

- '무능력한 그녀'는 비효율적, 비능률적으로 일한다. 타인을 대할 때 쓸데없이 적대적이고, 방어적이기도 하다.

- 남을 비난하기 좋아하고, 고집도 세다. 이해력이 모자라고, 게으르며, 유연성도 부족하다.

- 주로 자신이 일해보지 않았던 분야로 승진된 경우가 많다.

- 자신의 직무와 관련된 업무에 대해서 별로 의논하지 않는다. 일에 대해 아는 게 별로 없기 때문이다. 그래서인지 업무를 처리할 때 너무 단순한 결정을 내린다거나, 반대로 아주 급격한 변화를 시도하기도 한다.

- 자신이 무엇을 모르는지도 알지 못한다. 오직 겉으로 보이는 직장에서의 내 위치에만 관심이 있다. 실제 업무에 대해서는 별 관심이 없는 거다.

- 당신이 혼신의 힘을 다해 업무를 설명해줘도 참을성 없이 짜증만 낸다.

- 당신에게 필요한 정보나 재정적 도움은 잘 주지 않고, 필요한 일을 요청해도 허락도 잘 해주지 않는다. 그런 식으로 당신에게 보복하는 것이다.

- 당신이 낸 아이디어, 혹은 당신이 제출한 보고서를 슬쩍해서 자신이 한 것 마냥 내놓곤 한다.

- 당신의 투철한 직업 정신을 이용한다. 당신에게 일감을 몰아주는 것이다. 자신이 직장에서 돋보이기 위한 수법이다.

- 업무와 관련해서 위험한 일이 생겨도 그대로 방치하는 경향이 있다. 오히려 이를 지적하려고 하면 화를 낸다.

- 당신에게 숨은 목적이 있는 게 아닌가 하고 의심한다. 혹시라도 자기 자리를 뺏을까 봐 노심초사하는 것이다. 당신이 자신보다 일을 더 잘하는 걸 알기 때문이다.

- 직원들 앞에서 자신의 무지를 드러내는 어처구니없는 말을 아무렇지 않게 이야기한다. 당신이 이를 정정해주려고 하면 분노하며 당신을 깔아뭉개려고 할 것이다.

- 적반하장으로 당신을 적이라고 생각한다. 변화와 발전을 저해하는 사람이라면서 말이다.

- 일할 때 최신 유행하는 방법이나 간소화된 방법을 채택하는 경향이 있다.

- 자신보다 아는 게 많은 직원을 쫓아내려고 할지도 모른다. 그 대신 경험이 별로 없는 직원을 채용해 직장 내에서 자신의 위치를 높이려 할 것이다.

- 능력 있는 부하 직원을 곁에 두고, 그들의 성과를 가로채면서 그들을 깎아내린다. 직원들의 사기가 꺾이면 더욱더 자기를 떠나지 못할 거라고 믿는 것이다.

'왜 무능력할까?' 그녀의 심리

'무능력한 그녀'가 뻔뻔하게 행동할 수 있는 이유는 능력이 없는데도 자신만만하기 때문이다. 사람들은 그런 태도를 보고 그녀가 능력 있다고 착각한다. 무능력한 그녀의 행동 원인은 크게 다음과 같이 두 가지로 나눠볼 수 있다.

원인 1 그녀는 단지 운이 좋았을 뿐이다

그녀가 승진할 수 있었던 이유는 단지 타이밍이 좋았기 때문이다. 상황이 그녀에게 유리하게 돌아간 것이다. 한마디로 자기 능력보다 과분한 승진을 한 거다. 어쩌다가 운이 좋았을 뿐인데, 그녀는 자신의 능력을 부풀려 포장하는 습관이 들어버렸다.

원인 2 말로만 청산유수이기 때문이다

그녀는 자신보다 능력과 기술이 뛰어난 직원들을 제치고 승진했다. 그 이유는 사람들이 듣고 싶어 하는 말만 골라서 하는 그녀의 능력이 타의 추종을 불허하기 때문이다.

일단 그녀가 새로운 직급을 맡아 일을 시작하면 주로 직원들을 시켜서 일을 처리하는 노련함을 보인다.

게다가 대부분의 '무능력한 그녀'는 자신의 능력이 얼만큼 부족한지에 대해서도 잘 모른다. 그러니 누가 그녀의 업무에 대해 지적이라도 하면 강력히 부인한다. 바로 이런 점에서 '무능력한 그녀'와 '거짓말하는 그녀'의 특징이 겹치기도 한다.

혹시 당신이 오해하는 건 아닐까?

대부분의 직장에서는 상사가 보고서에 최종 결재를 한다. 따라서 보고서에 이름이 남는 유일한 인물이 바로 그녀일 수 있다. 사실 그녀는 누가 이 일을 했고 관여했는지에 대해서는 관심이 없다. 자신이 책임자라는 것, 그것만이 중요할 뿐이다. 따라서 당신 눈에는 당신의 성과를 그녀가 가로채는 것처럼 보일 수도 있다. 왠지 모르게 불공평한 기분이다. 하지만 그녀는 그냥 업무 절차를 따르고 있을 뿐이다. 그렇다고 과연 그녀가 '무능력한 그녀'인 걸까?

'무능력한 그녀'와 일할 땐 이렇게

– 조심스럽게 그녀의 멘토가 되어라

그녀가 당신이 일하는 분야에 대해 잘 모른다고 너무 조급해할 필요는 없다. 일에 대한 지식이나 사람들을 관리하는 법도 모르고, 또 배울 마음도 없어 보여도 말이다. 그녀는 자신이 업무에 대해서 잘 모른다고 판단되면 무슨 수를 써서라도 이를 숨기려고 할 것이다. 그래서 그런 나쁜 행동을 하는 것이다.

하지만 그녀의 자존심이 상하지 않는 범위 내에서 어쩌면 당신이 그녀의 능력을 향상시킬 수 있을지도 모른다. 당신의 노력에 따라 그녀가 변화할 수 있다는 것이다.

그러니 그녀가 자신의 능력을 키우고 싶어 하는지, 또 그럴만한 자질이 되는지 살펴보아라. 별로 그런 것 같지 않아 보이면 그녀의 업무 능력이 그다지 향상되지는 않을 것이다. 하지만 그녀가 자신의 능력을 발전시키고자 하는 마음이 있다면 업무와 관련된 짧은 강좌를 듣거나 관련 문서를 읽도록 당신이 옆에서 도와줄 수 있다. 말하자면 업무에 관한 최신 정보를 그녀가 소화할 수 있을 정도의 양으로 잘라서 훑어보게 하는 거다.

하지만 그녀가 전혀 달라질 기미를 보이지 않으면 그녀와 최대한 부딪치지 않으면서 일하는 방법을 찾는 수밖에 없다.

만약 그녀가 '무능력한 그녀'이자 동시에 '소리 지르는 그녀'가 아니라면, 자신을 가만히 내버려두는 것을 선호할 것이다. 물론 당신은 무능력한 그녀가 당신보다 많은 월급을 받는 게 영 찜찜하겠지만.

그녀의 주된 목적은 '소리 지르는 그녀'나 '얍삽한 그녀'처럼 사람들 앞에서 극적인 상황을 연출하려는 게 아니다. 따라서 그녀가 행복하게 살아가게 내버려둔다면 당신의 삶도 그런대로 견딜만할 것이다. 비록 그녀가 무능력할지언정, 기분만 좋다면 당신은 관심 밖이 될 테니까.

'무능력한 그녀' 대처법!

- 그녀가 마음껏 뽐내고 다니도록 그냥 내버려둬라. 그러면 최소한 일과 관련해서 둘 사이에 긴장감이 생기지 않을 것이다. 물론 말처럼 쉽진 않겠지만.
- 그녀가 상사에게 잘 보이도록 옆에서 도와준다면 당신을 향한 태도가 한결 부드러워질 것이다. 어쩌면 당신의 의견에 더 귀를 기울여줄지도 모른다.
- 그녀의 자존심이 다치지 않는 범위 내에서 그녀의 능력을 향상시킬 수 있는 방법을 알아보라. 필요에 따라 당신의 멘토나 지도자, 혹은 직업 훈련 프로그램의 도움을 받을 수도 있을 것이다. 물론, 그녀가 업무 관련 전문 서적을 읽을 확률은 거의 없다. 하지만 최신 정보의 핵심을 요약한 것 정도는 읽으려 할지도 모른다.
- 가능하면 그녀가 유능한 상사나 다른 직원으로부터 조언과 지시를 받도록 하라. 업무를 잘 아는 사람들에게 자문하게끔 하는 것이다.
- 그녀가 당신의 성과를 가로챌 수 있다는 것을 어느 정도 예상하는 게 좋다. 이에 반발할 것인지, 그대로 눈감아줄 것인지는 당신의 선택이다. 어떤 선택이 당신의 웰빙에 더 보탬이 될지 계산해보는 게 필요하다.
- 그녀의 무능력함 때문에 다른 직원들이 괴로워한다면 못 본 척하지 말자. 그들의 괴로움을 누구보다 잘 알지 않는가.

- 그녀가 업무에 일일이 관여하는 스타일이라면, 마감일에 맞춰 꼭 성과를 내겠다고 말해주어라. 당신을 신뢰하게 되면 다른 곳에 정신이 팔릴 테니.

- 그녀가 간섭하지 않는 타입이라면 당신을 처음부터 그냥 내버려 둘 것이다. 하지만 당신의 실적이 좋으면 그 공을 채갈 것이고, 실적이 나쁘면 당신을 탓할 게 뻔하다. 그러니 대화 내용을 평소에 기록해 두는 게 좋다.

- 당신이 그녀를 돕는 징검다리 역할을 할 거라는 것을 깨닫게 하라. 예를 들어 그녀가 최근에 내린 결정이 왜 실패 가능성이 높은지, 어떻게 수정을 하면 성공을 거둘 수도 있는지에 대한 의견 등을 이야기하는 거다. 그녀와 대화할 때는 침착하고 참을성 있는 말투를 쓰는 게 중요하다.

'무능력한 그녀'가 상사라면?

1. 프로답게 굴어야 한다. 그녀가 잘못한 점을 사람들 앞에서 시시콜콜 읊을 필요는 없다.

2. 그녀에게 조심스럽게 업무에 대해 가르쳐주어라. 멘토가 되어주는 거다. 그녀의 실적을 높일 뿐 아니라 스트레스도 덜 받게 도와줄 수 있을지도 모른다.

'무능력한 그녀'가 동료라면?

1. 되도록 그녀와 함께 일하는 것을 피하는 게 좋다. 또한 그녀 앞에서 당신의 능력에 대해 잘난 척하지 말아야 한다.

2. 그녀가 사고를 칠 때마다 다른 직원들에게 흉을 보고 싶은 충동을 자제해야 한다.

'무능력한 그녀'가 부하 직원이라면?

1. 그녀의 업무 능력을 향상시키길 원할 때는 그녀에게 친절하고 참을성 있는 태도를 유지해야 한다. 건설적인 비판을 하기에 앞서, 우선 칭찬해줄 필요가 있다.

2. 그녀의 흉을 보지 마라. '가는 말이 고와야 오는 말이 곱다'라는 말이 있잖은가. 모든 부하 직원들에게 잘 대해주어야 한다. 또한 '무능력한 그녀' 문제를 부하 직원들끼리 떠안고 가도록 놔두면 안 된다.

08

"난 그저 내 할 일만 했을 뿐인데……."

: 나쁜 여자로 오해받는 그녀들

니나는 한번 하겠다고 마음먹은 업무는 어떻게든 끝낸다. 항상 혼신의 힘을 다해서 일한다. 오죽하면 남편이 그녀보고 '워커홀릭'이라고 할까. 그녀는 지금 하고 있는 일이 자신에게 너무 잘 맞아서 일하는 재미에 푹 빠져 있다.

니나의 상사도 열정적인 그녀를 입에 침이 마르도록 칭찬한다. 니나는 항상 일을 할 때 이런저런 복잡한 사정을 모두 고려한다. 그래서 직장 전체의 목표에 가장 잘 맞는 결정을 내리곤 했다. 그녀는 일에 대한 기대치가 높다. 당연히 직장에서도 그녀에게 기대하는 바도 크다.

헌데 그녀의 일하는 태도가 살짝 퉁명스럽다. 직원들도 모두 그렇다고 수긍할 정도다. 그녀는 말을 아끼는 편이다. 쓸데없는 수다는 떨지 않는다. 사안을 결정하는 회의 때만 되면 직원들은 최대한 그녀를 자극하지 않으려고 노력한다. 괜히 말도 꺼내기도 전에 그녀가 퉁명스럽게 굴면 낭패니까.

나탈리의 일화도 살펴보자. 그녀는 조그만 광고 회사의 직원관리부서에서 매니저로 일을 하고 있다. 그녀의 전임자는 권고사직을 당했는데, 내리 3년 동안 예산에 맞게 관리를 하지 못했기 때문이었다. 그래도 그 매니저는 직원들에게 인기가 좋았다. 직원 중 누군가가 학교에 아이를 데리러 가야 한다고 하면 흔쾌히 일찍 퇴근하라고 허락하곤 했다. 어디 그뿐인가. 개인적인 사정이 있을 때는 재택근무를 하도록 편의를 봐주기까지 했다.

하지만 나탈리가 오고부터는 어림도 없다. 그녀는 회사에서 무엇이 용납되고, 되지 않는지에 대한 규칙을 다시 세웠기 때문이다. 정말로 하늘이 두 쪽 나는 일이 아니고서는 모두 다 9시에 출근해서 6시에 퇴근하는 틀에 맞춰야 했다. 규칙에만 신경 쓰다 보니 직원들은 문제가 생길 때마다 서로 뒤치다꺼리를 해주느라 정작 고객들에게는 신경을 못 쓰는 경우가 종종 발생했다. 문제를 해결하는 데만 온통 정신이 팔려 있기 때문이다.

한마디로 나탈리는 철두철미한 사람이다. 화장과 옷차림도 항상 흠잡을 데 없다. 일하는 태도 또한 매우 효율적이다. 그러나 남녀 불문하고 직원들 모두 나탈리가 자기를 보면 마치 머리부터 발끝까지 쭉 훑어보고는 '정말 칠칠치 못하군' 하고 혀를 차는 느낌이 든다고 말했다.

나탈리는 안내 데스크나 사무실이 티끌 하나 없이 깨끗해야 한다고 으름장을 놓는다. 자전거는 모두 건물 뒤쪽으로 옮기라고 윽박 지른다. 직원인 아멜리아는 이 이야기를 듣자 '정말 귀찮아졌어'라고 투덜댔다. 항상 출근 시간에 아슬아슬하게 맞춰 와서는 타고 온 자전거를 건물 문 앞에 아무렇게나 내팽개치곤 했던 것이다. '나중에 옮겨두면 되겠지'라고 생각하면서.

한 달 뒤, 실적에 대한 면담 도중에 나탈리는 아멜리아에게 정식으로 경고했다. 제시간에 재깍 출근하고, 마감일도 반드시 지켜야 한다고 말이다. 다른 직원들 책상에 가서 할 일도 없이 어슬렁거리는 시간도 좀 줄이라고 으름장을 놓았다. 그러면서 자기는 이런 말을 하기 위해 고용된 매니저니까 어쩔 수 없다는 말도 덧붙였다. 최근 몇 년 사이에 직원들 태도가 게을러졌다는 말도 빼놓지 않았다. 아멜리아는 이 말을 듣고 기분이 상당히 상했다.

'아니, 이건 너무 불공평하잖아? 여태까지 누구도 나한테 이런 말을 대놓고 한 적이 없었는데!'

여기서 한번 잘 생각해보자. 위의 일화에 나오는 니나와 나탈리를 과연 '나쁜 여자'라고 칭할 수 있을까? 그녀들은 그저 맡은 일을 충실히 하는 열정을 보였을 뿐이다. 그러느라 태도가 퉁명스러워진 건 아닐까?

너무 성급하게 그녀를 '나쁜 여자'로 단정 지으면 안 된다. 그녀는 맡은 직책에 필요한 행동을 하고 있는 것 뿐이다. 오히려 그녀가 뛰어난 리더십을 발휘하고 있는 것일지도 모른다. 그녀의 명령조 말투에 민감해진 당신은 그녀가 모든 걸 자기 맘대로 해야만 직성이 풀리는 독불장군 같다고 생각하는 것이다.

혹은 당신이 직장 전체의 분위기를 제대로 파악하지 못하는 건 아닐까? 명령을 휘두르고 다니는 사람은 모두 독불장군이고, 독불장군은 모두 악녀라는 논리를 세우고 있지는 않는지?

몇몇 직장 여성들은 다른 사람의 기준에 맞춰 일하라고 강요하면 '불필요한 간섭'이라고 투덜댄다. 하지만 그건 오해다. 직장에 엄격한 규율이 없다면 직원들은 느슨하게 업무를 처리할 것이다. 이때 새로운 매니저가 들어오면 당연히 반발과 저항이 생긴다. 새 매니저가 문제를 파악하고 이런저런 간섭을 하는 게 당연한 일임에도 불구하고 말이다.

물론 새 매니저가 요구하는 높은 기대치가 직원들에게는 충격으로 다가올 수도 있다. 매출 증대, 보고서 제출, 마감 시간 엄수 등의 의무와 책임 말이다. 하지만 그녀의 기대치가 당신 마음에 들지 않는다고 해서 반드시 그녀가 나쁜 여자인 것은 아니다.

당신이 그녀에 대해 처음부터 부정적인 평가를 한 이유가 무엇일까? 그 답을 얻지 못할지도 모른다. 왜냐면 바로 당신이 문제의 원인일 수 있기 때문이다. 그러니 항상 상황을 객관적으로 볼 필요가 있다. 개인적인 감정은 접어두고 말이다.

이제 '나쁜 여자로 오해받는 그녀'의 특징과 그 원인이 무엇인지 알아보기로 하자. 당신을 곤란하게 하는 그녀가 사실은 훌륭한 직원임을 깨닫게 될지도 모른다. 다만 그녀는 직장 내에서 다양한 사교에 신경을 쓰지 않는 것뿐이다.

엘레노어, 여, 50대, 언론사 프로듀서

제가 '나쁜 여자' 같아 보일 수도 있다는 걸 인정해요. 일하다가 너무 스트레스를 받으면 직원들에게 꽤 엄하게 굴거든요. 동료나 부하 직원이 일을 제대로 못 하면 실망해서 다소 건방져 보일 수 있는 말을 내뱉곤 하니까요. 거의 무의식적으로 투덜거리는 거죠.

그래서 걱정도 되고 불안하기도 해요. 하지만 업무가 제자리걸음인데도 직원들이 쓸데없는 일을 또 벌이려고 하면 화가 치솟고 스트레스를 받아요. 게다가 맡은 일도 제대로 못 하면서 요구하는 건 또 왜 그렇게 많은 건지, 정말 미치고 팔짝 뛸 노릇이죠!

저도 남의 업무 뒤치닥거리나 하고 앉아 있긴 싫어요. 맡은 일을 각자 알아서 척척 하면 얼마나 좋아요? 혹시 잘못되는 건 아닐까 노심초사하는 일이 없게 말이에요.

한번은 직속 상사와 단둘이 제 동료가 맡은 업무에 대해서 이야기 나눈 적이 있어요. 그 상사는 우리 둘의 매니저였는데, 그 동료의 실적 관리를 하고 있었죠.

혹시나 그 동료에게 제가 '나쁜 그녀'처럼 보이지 않을까 두려워요. 자기 업무 이야기를 뒤에서 몰래 했다고 정당하지 못하다고 할 것 같아서요. 분명 그렇게 생각하는 것 같았거든요. 자신이 맡은 일 뒤처리를 미흡하게 하고 있다는 생각은 꿈에도 못한 채요. 그게 문제에요. 정말이지, 마무리가 제대로 안 된 일이 하나하나 쌓일 때마다 너무 화가 난단 말이에요. 어떤 일은 아예 끝내지도 못했더라고요. 상황이 이런 식이면 저도 일을 팽개치고 멀리 달아나게 돼요. 하는 수 없이 다른 일을 시작하는 거죠.

저는 일이 조금이라도 잘못 돌아간다 싶으면 금세 눈치채는 편이거든요. 오늘만 해도 그래요. 아침에 온 우편물이 오후에도 계속 우편함에 있는 걸 봤어요. 그런데 역시나 우편물을 담당하는 그녀는 아무리 찾아도 보이지 않더군요. 직원들 모두 우편물은 어디 갔느냐고 칭얼대고 있었고요.

이처럼 엘레노어는 자신이 스트레스를 받으면 숨어 있던 욱하는 성질이 튀어나오는 것을 알고 있었다. 물론 그녀도 건방져 보일 수 있는 말은 자제해야 할 것이다. 동료들의 오해를 사지 않으려면 말이다.

동료들 역시 그녀의 행동을 이해할 필요가 있다. 그녀는 저조한 실적이 직장 전체에 미치는 파급효과에 대해 우려하고 있을 뿐이다. 자신이 관리할 수 있는 부분에 대해 한 치의 오차도 없이 확실히 하고 싶은 게 엘레노어의 입장이다.

지니, 여, 60대, 사회복지사

저는 이러쿵저러쿵 수다를 떠는 데 시간을 낭비하고 싶지 않아요. 직설적이고 간단한 대화만으로도 충분하니까요. 저는 늘 상식선에서 이야기하거든요. 제가 별로 살가운 편이 아니라는 것을 아니까 사람들이 저를 안 좋게 봐도 이해는 돼요.

저는 남 비위 맞추는 성격도 못 돼요. 그렇게 직원들 비위를 일일이 맞춰야 한다면 업무가 항상 제자리걸음이지 않겠어요? 일도 제대로 못 하면서 꿍꿍이를 도모하며 뭉쳐 있는 직원들이 있다면, 해고해서라도 문제를 해결해야죠. 그리고 다시 시작하는 거예요.

지니는 자신이 사람들의 눈에 어떻게 비치고 있는지 잘 알고 있었다.

하지만 평소 자신의 '예외 없는' 태도에 대해 자부심을 느끼고 있는 듯했다. 이런 자부심은 산전수전 겪은 그녀의 폭넓은 직장 경험에서 비롯되었다. 그래서 웬만한 일이 생겨도 눈 하나 꿈쩍 안 하는 배짱이 생긴 것이다.

그저 할 일만 묵묵히 했을 뿐인 그녀의 행동 유형

- 당신에게 맡은 업무를 빨리 끝내라고 끊임없이 주의를 준다.
- 당신의 의견에 항상 반대하는 것처럼 보인다.
- 당신이 하는 일을 오해하고, 해명을 요구한다.
- 직장 내의 규율을 지킬 것을 강요하고, 당신을 항상 감시한다.
- 사무실 안을 이리저리 바쁘게 돌아다닌다. 모든 게 순조롭게 진행되고 있는지 점검하는 것뿐이라고 한다.
- 그녀의 개인적인 스타일 중에 유난히 당신 마음에 들지 않는 것이 있다.
- 당신의 옛 상사보다 별로인 것 같다.
- 그녀는 당신이 안 좋아했던 옛 상사를 떠올리게 한다.

위의 특징을 잘 살펴보자. 그리고 혹시 당신이 다음의 유형 중 하나에 속하지는 않는지 살펴보라. 반발하는 부하 직원, 겉으로 비아냥거리는 동료, 무언가를 잘 잊어버리는 인턴, 무능력한 임원, 현 상황만 강하게 문제삼는 직원, 조화롭지 않고 게으른 팀원.

물론 당신은 아니길 바란다. 하지만 만에 하나 당신이 위에서 언급된 유형 중 하나라면, 지금 당신이 겪는 문제의 원인은 함께 일하는 그녀가 아닐 수도 있다. 바로 당신의 문제인 것이다.

'왜 나쁜 여자로 오해받는 것일까?' 그녀의 심리

새로 온 상사는 당신이 이해할 수 없는 혼자만의 목표가 있을 수 있다. 당신은 그 목표를 수행하는 방식이 싫을 뿐이다.

게다가 그녀가 항상 당신 주위를 맴도는 것 같은 기분이 든다. 꼬치꼬치 참견하는 것 같고, 방해받는 느낌이다. 가끔은 심문을 받는 것 같기도 하고, 별것 아닌 일에도 트집을 잡는 듯하다. 그렇다고 그녀가 나쁜 여자일까?

사실 그녀는 당신보다 훨씬 열심히 일하고 있는지도 모른다. 더불어 당신과 함께하는 그 일에 대한 기대치가 하늘같이 높다. 그리고 직장에 대한 충성심도 지나치게 높다. 좋은 성과를 내기 위해 안달이 나 있는 상태이기도 하다. 자신이 남의 비위를 건드린다는 건 눈치도 못 챈다. 설사 그렇다 해도 그녀를 '나쁜 여자'라고 할 수는 없다. 그녀의 거침없는 태도에 당신의 기분이 상할 수 있어도 잠시 그녀에 대한 부정적인 생각을 접어두기로 하자. 그러면 "그녀가 딱히 악의 있는 사람은 아니지" 하고 새삼 깨달을지도 모른다.

이제부터 그녀가 왜 나쁜 여자처럼 보이는지에 대해 알아보자.

원인 1 그녀는 오직 자기 일에 대해서만 관심 있을 뿐이다

그녀가 당신의 매니저나 팀장 혹은 관리자라면 당신보다는 직장 내 정보를 많이 알 것이다. 직급에 따르는 책임과 의무도 무겁다. 그만큼 그녀는 상부로부터 상상을 초월하는 압력을 받고 있는 것이다. 단지 그 압박감을 밖으로 드러내지 않을 뿐이다.

혹은 특정 정보를 누설하지 말라고 특별지시를 받고 있는지도 모른다. 하지만 이런 사정에 대해 부하 직원들은 잘 모르는 경우가 많다.

그녀의 최종 목표는 성실한 일꾼으로 인정받는 것이다. 직원들에게 '착하게' 혹은 '멋지게' 보이는 데는 그다지 관심이 없다. 따라서 그녀가 살갑게 수다를 떨지 않고 과묵하다고 해서 그녀를 '나쁜 여자'로 볼 수는 없을 것이다.

원인 2 일하는 동기나 계획이 당신과 다를 수 있다

직원들의 다양한 연령대, 개인적 상황, 일에 대한 야망은 직장에서 서로 다른 행동으로 나타난다. 당신이 나쁜 여자라고 생각하는 그녀를 한번 보자. 그녀는 '그러거나 말거나' 하는 신세대 직원일 수도, '뭐 별로 상관없어'라고 말하는 인턴 학생일 수도 있다. 아니면 곧 외국으로 나가거나 학교에 복학할 예정인 임시 직원일 수도 있다. 임시 직원인 그녀에게 지금의 일은 그저 스쳐 지나가는 하나의 일자리에 불과하다. 할 수 있는 최소한의 노력만 할 것이다. 그러니 무신경하고, 무심하게 보이는 게 당연하다. 상사인 당신은 '그녀가 조금만 더 분발했으면' 하고 바랄 것이다. 하지만 그러기는커녕 '이보다 더 무신경할 수 없는' 태도로 나오는 그녀. 그렇다고 그녀가 '나쁜 여자'인 것은 아니다.

혹시 당신이 오해하는 건 아닐까?

짜증 나는 그 매니저가 나쁜 여자가 아닐 수도 있음을 인정하기란 쉽지 않다. 더군다나 현재 겪는 문제의 원인이 당신 때문이라면 더욱더 말이다. 하지만 스스로 생각해봐라. 요즘 내가 좀 게을러지고, 생각 없이 행동하지는 않나? 혹은 다른 사람 밑에서 일하는 데 흥미를 잃은 것은 아닌지?

'나쁜 여자로 오해받는 그녀'와 일할 땐 이렇게

– 그녀와 당신은 그저 서로 알아가는 단계다

요즘 직장에서 나쁜 여자와 한창 삐걱대고 있는가? 만약 그렇다면 그녀가 당신을 오해하도록 행동한 게 없는지 스스로 되짚어보라. 혹시 은연중에 그녀 앞에서 '또 시작이군'이라는 제스처를 취했던 것은 아닐까? 아니면 그녀가 업무 때문에 스트레스를 받고 있을 때 '제가 도와줄 일은 없나요?'라고 묻기보단 '꼴 좋네'라는 식으로 재밌어하진 않았는지? 과연 어른답게, 성실하고 책임감 있는 직원처럼 행동해왔는지 자신을 뒤돌아보자.

직장에서는 직원들의 성격이 다 다른 만큼, 의견 충돌도 있을 수 있다. 직원들 간의 서로 다른 견해와 문제를 해결해가는 방법도 천차만별이다.

당신이 팀장이라고 가정하자. 당신이 어떠한 문제에 대한 타협안을 냈을 때 모든 팀원들이 다 찬성하지는 않을 것이다. 다른 의견을 가진 부하 직원들은 당신이 내린 결정이나 타협안, 일하는 방식을 두고 당신을 독단적인 여자라고 단정 지을지도 모른다. 당신은 그저 주어진 상황에서 최선을 다하려는 것뿐인데 말이다.

그렇기 때문에 평소에 적절한 때를 봐서 그들과 정기적으로 대화를 시도하는 것이 매우 중요하다. 그저 소소한 이야기를 나누는 것뿐일지라도 대화로 마음을 열 수 있기 때문이다.

한편 당신이 직장의 이런 복합적인 상황을 총체적으로 읽지 못하는 부하 직원이라고 가정해보자. 그러면 직장에서 내린 결정이나 타협안, 업무 방식이 오직 당신에게 미치는 영향에만 관심을 둘 것이다. 자신이 직장에서 일을 하기 위해 고용된 존재라는 것을 인정하기 어려워하면서, 그 외에도 업무 방식을 비롯해 숙지해야 할 수많은 문제로 당신의 혼란이 가중된다.

하지만 이 모든 문제를 떠나 핵심을 기억해야 한다. 직장이 제대로 돌아가지 않으면 당신은 일자리를 잃을 수 있다. 직장에서는 조직의 생존이 위협받는다고 여겨지면 부서를 축소할지도 모른다. 시장 경제 속에서 자본을 창출해낼 수 있는 부서, 즉 당신의 직장에서 경쟁력 있는 부서만 남기는 것이다. 그러다 보면 직원들을 대상으로 한 여러 문제에 대한 상담 같은 것은 뒷전으로 밀릴 수 있다. 구조조정, 보직변동, 직장 전체의 우선순위를 재정비하는 것이 훨씬 더 중요할 테니까.

직원들이 모두 회사에 만족할 수는 없다. 직장은 어디까지나 '일을 하는 곳'일 뿐이다. 직장에서는 업무를 수행하기 위해 직원을 고용할 뿐, 개개인의 행복까지 일일이 챙기지는 못한다. 물론 직원들은 행복한 환경에서 일을 더 잘하겠지만 말이다.

직장에서 매우 불행하다고 느끼면 차라리 다른 직장을 찾는 편이 나을 것이다. 말을 좀 직설적으로 한다고 열심히 일하는 동료를 나쁜 여자라며 투덜대는 것보다는 말이다. 사실 그녀는 당신과는 업무 기준과 기대치가 다른 것인지도 모른다.

여기서 빠지기 쉬운 하나의 함정이 하나 있다. 바로 당신이 옛 상사를 너무 이상적으로 좋게 포장하며, 새로 온 상사는 어딘가 모자란 구석이 많다고 폄하하는 것이다. 실제로 그녀가 좀 퉁명스럽기는 하다. 요구하는 것도 많고 실적에 대한 기대치도 너무 높다. 그래서 당신이 괜스레 그녀를 탐탁지 않게 여기는 거다.

이런 단계에서는 옛 상사와 좋았던 점만 과장해서 부각시키는 오류를 범하기 쉽다. 안 좋았던 일은 말끔히 씻어버린 채, 옛날에는 그녀와 일할 때 모든 것이 신 나고 너무나 죽이 잘 맞았다고 회상하는 거다. 하지만 초반의 우여곡절을 까맣게 잊어버린 건 아닌지? 돌이켜보면 옛 상사와도 처음엔 사소한 문제로 티격태격했던 당신이다. 분명 그때도 일을 죽어라 했었다. 다만 지금의 상사가 시키는 일보다 훨씬 쉬웠다고 느끼는 것뿐이다.

옛 상사를 너무 미화하지 마라. 특히 새로운 상사와 '서로 잘 알아가는 단계', 또 '공동의 목표 지점을 찾아가는 단계'의 초반에 놓여 있다면 말이다. 어차피 어느 정도는 마찰을 예상해야 한다.

직장에서 크고 작은 변화가 생기면 사람을 믿기 어렵게 된다. 변화의 와중에 새로 승진했거나 입사한 직원은 더욱 못 미덥다. 하지만 당신 마음에 들지 않는다고 해서 그녀가 나쁜 여자는 아니라는 점을 다시 한 번 강조한다.

혹은 최근에 직장에서 일어난 합병이나 구조조정, 부서 내의 변화 등이 탐탁지 않은 건 아닌가? 그렇다면 혹시 '원래 우리 팀이 최고였는데……. 지금 팀은 예전 팀의 발뒤꿈치도 못 따라가'라고 생각하고 있지는 않은지? '누구와도 가까워지지 않겠어'라며 당신 스스로 다른 직원들을 밀쳐내고 있는지도 모른다. 그리고는 새로운 동료들의 단점을 찾아내는 데 열을 올리는 것은 아닐까.

또한 구조조정 등으로 당신의 부서가 더 커질 수도 있다. 이때 개개인은 서로 다른 인격체이며, 직장은 이런 인격체의 집합이라는 것을 명심해야 한다. 부서 내의 직원 수가 많아질수록 복잡한 문제가 더 많아지는 게 당연하다. 이 모든 사람들이 다 함께 화합해서 일을 잘하게 되기까지는 많은 시간과 노력이 필요하기 때문이다.

좀 더 천천히 그녀에 대해 알아가 보자. 원만한 인간관계의 성립은 원래 시간이 좀 걸리기 마련이다. 그러니 새로 온 그녀에게 당신을 알아갈 시간을 넉넉히 주라. 천천히 이런저런 일을 함께 해나가다 보면 서로 간에 신뢰가 조용히 싹틀 것이다.

‘나쁜 여자로 오해받는 그녀’를 만나면!

- 사무실에서 당신에게 업무나 규칙을 가르쳐주는 상사나 동료를 ‘나쁘다’고 생각하면 안 된다.
- 업무에는 하기 싫은 일도 포함된다는 것을 명심하라. 반드시 당신이 그것을 해내야 한다는 것도. 당신이 아니면 그 일을 누가 끝마치겠는가? 맡은 일에 최선을 다한다는 마음가짐을 가져라.
- 일을 하다가 중간쯤 가서 흥미를 잃지 않도록 노력하라. 일은 반드시 끝내야 한다.
- 만약 업무를 못 끝냈다고 해도 그에 대해 책임을 져야 한다. 마감일을 준수하라고 요구하는 사람을 되레 비난해서는 안 된다.
- 직장에서 일어나는 모든 일이 협상 가능할 거라고 기대하지 마라. 때로는 그저 시키는 대로 일해야 한다. 맡은 일이 싫어서 협상을 시도하려는가? 그렇다면 당신의 상사가 “그쪽이 해야 하는 일이에요. 여기선 내가 당신 상사라고!”라고 말한다고 해도 이해하도록 노력하라. 그녀가 폭군이라서 그런 것은 아니다. 예상치 못한 당신의 제안에 아마 당황했을 것이다.
- 직원들의 말을 적극적으로 들으려는 자세가 필요하다. 나중에 “헷갈렸어요”라거나, “아무도 제게 말해주지 않아서요”라며 불평하는 일이 생기지 않도록 말이다. 사실은 이미 몇 번이나 들었던 사항인지도 모른다.

- 최소한 맡은 일은 제시간까지, 그것도 비교적 상냥한 태도로 마치겠다고 마음먹도록 하라.

- 직원들 모두 스트레스가 포화상태라면 직원들의 태도를 너그럽게 봐줄 필요가 있다. 당신에게 약간 퉁명스럽게, 혹은 차갑게 구는 것 정도는 그냥 넘겨라. 일시적인 행동을 가지고 나쁜 여자로 몰아세우면 안 된다.

- 일하다 실수를 하면 그 사실을 깨닫자마자 사과하라. 실수를 안 한 척한다거나, 다른 사람에게 비난의 화살을 돌리는 일은 피해야 할 것이다. 유능한 직원일지라도 실수는 한다. 하지만 유능한 직원보다는 자신의 실수를 인정하고 책임을 질 줄 아는 직원이 더 훌륭하다. 잘못을 시인하는 것만으로 충분하다.

- 신입사원에 대한 뒷담화를 퍼뜨리지 마라. 그들에게도 직장에 적응할 시간을 줘야 한다. 당신 마음에 안 드는 행동을 했다고 비난할 필요는 없다.

'나쁜 여자로 오해받는 그녀'가 상사라면?

1. 그녀에게도 여유를 줘라. 당신이 알지 못하는 압박에 시달리고 있을 수도 있다.

'나쁜 여자로 오해받는 그녀'가 동료라면?

1. 그냥 하던 일을 묵묵히 하면 된다. 그녀가 나쁜 여자가 아니라면 정말이지 하늘에 감사할 일이다.

'나쁜 여자로 오해받는 그녀'가 부하 직원이라면?

1. 그녀가 정말 고쳐야 할 점이 있다면 대화를 시도하라. 오히려 당신에게 고마워할지도 모른다. 처음 말을 꺼낼 때 그녀에 대한 칭찬을 잊지 말도록 하라.

2장

나쁜 그녀의 심리

'그녀들'에 대해 이해하기

앞에서 언급한 8가지 유형을 숙지했다면, 당신을 못살게 구는 그녀가 어느 한두 가지 유형에 속하고 있음을 알았을 것이다. 아주 좋은 출발이다. 그녀의 유형을 분류하고, 앞에서 언급한 충고를 적절히 따르는 것만으로 사태를 호전시킬 수 있다.

하지만 모든 상황이 그렇게 간단한 것만은 아니다. 그녀와의 문제가 정말 사소한 의사소통의 문제에서 비롯된 것일까? 혹시 그녀와의 갈등에 좀 더 원초적인 이유가 있는 건 아닐까?

이에 대한 답을 찾기 위해서는 여성이 대를 이어 본능적으로 맡는 역할, 즉 '원형Archetype(심리학자 융에 의해 도입, 선천적인 심리적 행동을 뜻하며 집단무의식에 잠재되어 있는 보편적 형태-역자 옮김)'에 대해 살펴볼 필요가 있다. '원형'은 인간의 '집단 무의식Collective Unconscious(융에 의하면 이는 인류의 역사를 통해 축적된 기억의 흔적이며, '원형'의 저장 창고와도 같다)'에 속하며, '여성으로서 우리가 누구인가'에 대한 중요한 실마리를 제공한다. 직장에서 그녀가 어떤 원형에 속하는지 보고, 그것이 그녀의 행동에 어떻게 영향을 미치는지 파악하자. 그녀의 전반적인 행동 패턴에 대해 더 잘 이해할 수 있을 것이다.

여성은 저마다 고유한 개성을 가진 개인이다. 하지만 시간과 시대의 흐름에 따라 발전하고 변화된 내면적 역할, 즉 '원형'도 동시에 내재되어 있다. 예를 들어 한 가정에서 여성은 우선 '딸'의 역할로 인생을 시작한다. 그 후에는 '일꾼', 혹은 '여행자'가 되어 세상을 탐험하다가 '어머니'의 역할로 넘어간다. 그리고 마지막으로는 인생의 지혜를 아는 '할머니'로 안착하는 것이다. 그런가 하면 가정의 굴레를 벗어나 '고아'나 '사회 활동가'의 역할을 맡는 여성도 있다.

오늘날에는 이런 역할을 맡는 데 있어서 확실히 정해진 순서가 없다. 여성은 이 고유한 내면의 역할을 전부, 혹은 몇 가지만 맡을 수도 있다. 아니면 몇 단계의 역할을 한꺼번에 건너뛰거나 오직 한 역할만 맡기도 한다.

'여성으로서 다른 사람과 어떻게 관계를 맺을 것인가?'에 대한 내면적 청사진은 어디에서 구할 수 있을까? 우선 옛날의 역할 모델이라던가 부모님, 친구 등 우리 주변의 인간관계로부터 얻을 수 있다. 아니면 인류가 공통으로 이용하는 무의식적인 원천으로부터 얻을 수도 있다. 그것이 바로 '원형'이라 일컫는 보편적 역할Universal Role이며, 이는 조상 대대로 우리의 정신세계에 대물림되어왔다.

어떠한 여성의 원형이 그녀가 일상에서 겪은 경험과 일치하지 않으면 심리적인 갈등을 일으킬 수 있다. 성인이 되기를 거부하는 철없는 여성을 예로 들어보자. 그녀는 30~40대가 되어서도 여전히 철부지 소녀 같이 군다. 어린 시절 우러러봤던 역할 모델role model을 아직 마음속에서 지우지 못한 것이다. 현재 자신의 역할에 맞는 새로운 '대본'을 짜는 데 실패한 것이나 다름없다. 이럴 경우 그녀의 주변 사람들은 모두 그녀에게 시달릴 수밖에 없다.

이제 여성들의 대표적인 4가지 원형에 대해서 살펴보기로 하자. 바로 '어머니', '동반자', '아마조네스', '심령술사'이다. 이 4가지 원형은 앞서 언급한 8가지 유형에 속할 수 있다.

여성들이 돈독한 관계를 맺는 데 영향을 미치는 또 다른 요소는 바로 '의사소통'이다. 당신을 힘들게 하는 그 문제는 그녀의 행동 때문이 아니라 의사소통이 안되는 데서 비롯되었을 수 있다. 특히 직장에서 세대 차이가 있다면 의사소통에 종종 문제가 생긴다. 때문에 세대가 다른 여직원들은 다른 나이군의 여직원이 저마다 어떤 방식으로 회사에 기여하는가에 대한 올바른 인식을 할 필요가 있다.

가끔 나이대가 있는 여직원은 젊은 여직원의 방식이 탐탁지 않다. 반면 젊은 여직원은 중년의 연륜에서 오는 경험을 인정하지 않으려고 한다. 그래서 오해가 싹트는 것이다.

세대 차이 외에 소통의 문제를 일으키는 다른 요인은 무엇일까? 그것은 다름 아닌 '의사결정을 내리는 방법'이다. 여성은 어떤 행동을 취할 것인가를 가늠하는 단계에서 '머리'와 '마음'을 동시에 사용한다. 이때 머리란 '사고'를, 마음은 '감정'을 각각 대변한다.

마지막 의사결정을 할 때는 이 둘 중 하나를 선택할 확률이 높다. 예를 들어 당신과 부딪히는 그녀가 머리가 마음을 지배하는 '사고 중심적'인 사람이고, 당신은 그 반대라면 어떨까? 당신은 어떤 선택을 하는 데 있어 감정을 더 중시하는데, 당신의 상사는 이성적인 사고에 더 중점을 둔다면 소통의 문제가 발생하는 것이다. 그러니 그녀가 그렇게 퉁명스럽고 무관심한 것이 어쩌면 당신이 그녀의 효율적인 업무 처리 방식을 이해하지 못해서인지도 모른다.

이처럼 여성들이 의사소통하는 다양한 방법에 대해서 알아두면 그녀와도 한결 편하게 지낼 수 있을 것이다. 그녀와의 차이도 인정하면서 말이다.

01

당신은 어떤 원형에 속하는가?

직장에서 특정 유형의 그녀와 항상 부딪히는 여성이 있다. 다른 유형 사람들과는 아무 문제가 없는데 말이다.

앞에서 언급한 여성의 '보편적 역할', 즉 '원형'에 대한 이론을 다시 짚어보자. 그녀의 못된 성미를 자극하는 것이 무엇인지 이해하는 데 도움이 될 것이다.

스위스의 정신 분석학자 C.G.융에 따르면, 남성과 여성은 저마다 무의식 속에 여성성과 남성성을 지니고 있다. 남성의 무의식 속 여성성은 '아니마anima'라고 하며, 여성의 무의식 속 남성성은 '아니무스animus'라고 불린다. 이 '아니무스'가 논쟁하기 좋아하고 고집불통인 여성의 잔인한 면모를 부채질한다. '소리 지르는 그녀'가 분노를 직접 밖으로 표출하는 데서 '아니무스'의 일면을 엿볼 수 있다.

내 속에 있는 무의식은 자신의 목소리를 들어주기를 간절히 바란다. 그렇지 않으면 고요한 해변에서 갑자기 솟아오르는 비치볼beach ball처럼 무의식이 툭툭 튀어나오게 되는 것이다. 자신의 무의식을 이해해야 하는 이유가 바로 여기에 있다. 그래야만 어떤 상황에서 무의식이 표출되려고 할 때 이를 제어할 수 있기 때문이다.

논리적이고 합리적인 사고만으로는 어떤 일이 왜 일어나는지에 대한 명쾌한 해답을 얻을 수 없을 때가 있다. 그럴 땐 자기 자신을 들여다보는 게 현명하다. 자신의 내면에 억압되어 있는 원형적 모습과 마주해보는 것이다. 원형은 나 자신을 괴롭히는 게 무엇인지 보여준다. 한마디로 '원형'은 인류 경험의 본질적인 패턴이다. 시공간을 초월한 원초적 이미지인 것이다. 원형은 자신의 무의식을 낱낱이 드러낸다.

원형은 우리의 일상 속에서 어떻게 작용하는 걸까? 당신이 유독 '소리 지르는 그녀'와 부딪히는 경우가 많다면 내면에 쌓아둔 분노, 즉 당신 마음속의 '폭군'이라는 원형이 다른 사람(소리 지르는 그녀)에게로 투영되고 있는 건지도 모른다. 당신은 무의식적으로 '폭군', 즉 '소리 지르는 그녀'를 자신에게로 끌어들이는 것이다.

이 패턴을 바꾸기 위해서는 당신의 '아니무스'를 온전히 자신의 것으로 만들어야 한다. 당신에게서 떨어져 나간 '아니무스'를 자신에게 다시 통합시켜 다른 사람에게 투영되었던 당신의 일부분을 되찾는 것이다. 그러면 당신은 의식적으로 그녀와의 관계에서 분명한 경계선을 그을 수 있게 될 것이다. 좀 더 합리적인 태도로 '아니요'라고 말하는 것이 그 예다. 더 이상 상사가 당신을 이기적인 직원이라고 탐탁지 않게 여길까 봐 의무적으로 '네'라고 말하지 않아도 된다.

그녀와 분명한 경계선을 긋는다는 것은 자신이 맡기로 한 업무의 양을 스스로 조절할 수 있음을 의미하기도 한다. 더 이상 당신이 힘없이 끌려가지 않기 때문에 그녀는 당신을 우습게 여기지 못할 것이다. 그래서 당신에게 일감을 떠맡기지 못한다. 물론 그녀의 태도를 완전히 바꾸지는 못하겠지만, 당신에게 있어서 이 시도는 매우 중요하다.

그녀는 다른 사람이 일을 시키려고 하면 태연하게 "싫어요"라고 했다. 마음속으로 한 번쯤 그렇게 말해보고 싶었지만 도저히 그럴 수 없었던 당신, 이제는 더 이상 생각으로 그치지 않아도 된다. 이처럼 자신의 반대 성향을 의식적으로 자신에게 통합시킴으로써 그녀로부터 어느 정도 벗어날 수 있다.

만약 자신의 반대 성향을 부인하면 어떻게 될까? 그러면 자신은 감히 시도도 못 하는 행동을 너무나 쉽게 하는 그녀에 대해 분노조차 할 수 없게 된다. 사람들 앞에서 자신이 원하는 바를 목청껏 질러대는 '소리 지르는 그녀'를 예로 들어보자. 그 반대 성향을 '꿀 먹은 벙어리'라고 칭하겠다.

'꿀 먹은 벙어리'는 자신의 요구를 당당히 밝히지 못한다. 말 그대로 그저 꿀꺽 삼킬 뿐이다. 그러니 아무도 그녀가 바라는 게 무엇인지 모르고 들어줄 수도 없다. '꿀 먹은 벙어리'는 자신의 요구를 말하지 못한 채 온몸이 경직된 기분을 자주 느낀다. 이런 상태에서는 사람들의 공격을 받기도 쉽고, 다른 사람이 자신에게 조금만 실수를 해도 민감하게 받아들인다. 특히 '소리 지르는 그녀'의 실수에는 더욱 민감하다. '소리 지르는 그녀'는 남을 존중하기는커녕 그들에게도 '요구'가 있다는 사실을 싹 무시하기 때문이다.

이처럼 반대 성향 간의 대립은 당신의 무의식이 어떻게 움직이는지를 보여준다. 따라서 어느 성향을 볼 때는 그 반대 성향을 생각해야 한다. 반대 성향도 알아야 우리가 왜 특정 방식으로 행동하는지 설명할 수 있기 때문이다.

사람들은 종종 내면의 문제를 회피하기 위해 '오버'하여 특정 행동을 하는 경향이 있다. '무능력한 그녀'와 '불안한 그녀'가 성공에 목을 매고, 무슨 수를 써서라도 실패를 막으려는 것도 바로 그런 이유에서다. 직장에 피해를 줄 게 뻔한데도 그렇게 일일이 동료를 잡고 닦달해야만 내면의 불안감이 사라지기 때문이다.

'불안한 그녀'는 일단 자신이 사회에서 성공했다고 확신하면 실패에 대한 두려움을 억누를 수 있다. 그러면 그렇게까지 난폭한 행동을 일삼지 않는다. 왜 '무능력한 그녀'를 꾸짖거나, '불안한 그녀'의 잘못을 떠벌리고 다니면 안 되는지 여기서 짐작할 수 있을 것이다. 그런 행위는 그들의 내면적 불안감만 증폭시키기 때문이다.

'얍삽한 그녀'의 경우는 어떨까. 그녀가 얍삽한 행동을 하는 이유는 어딘가에 소속되고자 하는 열망 때문이다. 사람들에게 버림받을 것을 무의식적으로 두려워한다. '얍삽한 그녀'는 아이러니하게도 자신의 두려움을 스스로 자처하는 셈이다. 자신도 모르게 어이없는 행동으로 사람들을 밀쳐내니 말이다.

물론 시간이 걸리겠지만, 당신이 부하 직원들에게 신뢰를 받고 평화로운 근무 환경을 조성하고 싶다면 이러한 반대 성향 간의 대립에 주목할 필요가 있다. 부하 직원이 무엇을 특히 '오버'하는지 살펴라. 그러면 그들을 도발하고 움직이는 근원이 무엇인지 알 수 있다. 무엇이 그들에게 동기를 부여하고, 영감을 주는지, 또 영향을 미치는지에 대한 총체적인 그림도 볼 수 있을 것이다.

세계 최고 지도자들의 비법도 이와 깊은 연관이 있다. 그들은 자신이 맡은 팀의 구성원들에 대해 잘 알고, 각자에게 맞는 대우를 해주는 능력이 탁월하다. 물론 그들처럼 모든 이의 요구를 동시에 들어주는 건 쉬운 일이 아니다. 하지만 성공하는 리더들은 그런 시도를 통해 항상 최고의 성과를 낸다.

당신이 일반 사원이라도 반대 성향 간의 대립은 주시할 필요가 있다. 당신 자신과 주변 사람들을 움직이는 원동력을 깨달으면 직장에서 일어나는 여러 상황에 더 요령 있게 대응하게 될 것이다.

직장 여성의 4가지 원형

보편적인 역할Universal Role, 즉 '원형'이 여성의 무의식적인 두려움을 이해하는 데 어떤 단서를 제공하는지 살펴보자. 직장에서도 여성은 대개 4가지 원형을 보인다.

〈1장〉에서 읽은 8가지 유형 중에 비슷한 사람은 있지만, 그 유형이 당신이 만난 그녀를 완벽히 설명하고 있지는 않다고 느꼈을 수 있다. 지금부터 소개할 '부정적인 원형'을 그녀의 행동에 투영시키면 좀 더 정확한 설명이 가능하다. 이 '부정적인 원형'은 앞서 설명한 8가지 나쁜 그녀 유형에 모두 속할 수 있다.

여성의 4가지 대표적인 원형은 앞서 말한 '어머니', '동반자', '아마조네스', '심령술사'이다. 이들은 각각 부정적인 면과 긍정적인 면을 동시에 지니고 있다.

1) '어머니'형

어머니는 생명을 잉태하고, 낳아 기르며, 보호하는 존재다. 한 생명의 삶에서 안내자 역할을 한다. 하지만 생명체가 어머니의 양육을 더 이상 필요로 하지 않으면 부담이 된다는 부정적 측면도 있다.

당신은 '어머니' 원형을 가진 그녀의 부하 직원이나 멘티, 후배일 수 있다. 그리고 당신은 이제 둘 사이의 관계를 재정립하고 싶은 마음이 든다. 그녀의 '수습생'에서 이제는 혼자 일을 하는 '장인'으로 새롭게 태어나고 싶은 것이다. 그녀와는 이미 부모 자식 같은 사이를 넘어섰다. 더 이상 그녀의 어머니 역할은 필요하지 않다.

그런데도 그녀는 "이 엄마가 제일 잘 알지" 하는 태도를 버리지 않는다. 당신은 충격에 휩싸인다. 그녀가 직장에서 어머니 역할을 지나치게 내세우기 때문이다. 그녀는 당신이 더 이상 어머니를 필요로 하지 않는다는 사실을 받아들이지 않는다. 자신의 경력에 심한 손상이 생긴다고 여기기 때문이다. '나는 직장에서 더 이상 쓸모 있는 존재가 아니야'라고 자학하면서.

따라서 그녀는 당신이 잘되기를 바라지 않는다. 당신이 혼자서도 잘 버티는 꼴이 보기 싫기 때문이다. 자신이 없으면 당신이 영양실조로 죽을지도 모른다고 믿는다.

'부정적인 어머니'형에 속하는 '공주병 있는 그녀'는 새끼 새가 날아간

빈 둥지를 가만히 지켜보고만 있지는 않는다. 새끼 새를 날려 보내느니 차라리 굶겨 죽이는 게 낫다는 심보다. 그녀는 어미 새를 끔찍이 사랑하지만 연약하고 언제까지나 자신을 우러러보는 새끼 새로 당신이 남길 원한다.

2) '동반자'형

'동반자'는 당신의 '절친'과도 같다. 그녀는 능력 있는 친구이자 쿨한 동료다. 그와 동시에 영감을 주는 뮤즈muse이자 당신이 돋보이도록 도와주는 존재다. 당신의 말을 잘 받아줄 뿐 아니라 독특한 매력도 있어서 직장에서 항상 붙어 다니는 사이였다.

그런데 이제는 상황이 다르다. 당신에게 그녀만큼 친한 동료가 많이 생겼다. 또한 그녀와 붙어 있지 않아도 만날 사람이 널렸다. 그러니 더 이상 그녀에게 미주알고주알 이야기하지 않는다. 아니면 여태껏 수많은 주말을 외롭게 보낸 끝에 당신에게 드디어 남자친구가 생겼을 수도 있다. 혹은 그녀의 '왜 지금 다시 대학원으로 돌아가야 하는가'에 대한 철학적인 토론을 들어주는 것에 질렸는지도 모른다.

아무튼 당신은 지금 일일이 그녀를 상대하기엔 너무 바쁘다. 그런 당신을 본 그녀는 자신이 '퇴짜 맞았다'고 생각한다. 사실 그녀는 당신과 '지적인 대화'를 하는 재미에 폭 빠진 터라 이를 그만둘 생각이 전혀 없었다. 당신이 프로젝트를 마무리하거나 프레젠테이션을 준비할 때 제일 먼저 쪼르르 달려갔던 사람이 바로 그녀 아닌가. 그녀는 마치 내다 버려진 헌신짝 같은 기분을 느낀다.

이처럼 당신이 그녀의 도움을 더는 필요로 하지 않으면 그녀는 차갑게 돌아설 수 있다. 그리고는 당신이 마음에 두고 있는 잘생긴 상사를 유혹하거나, 아님 아예 말을 안 할지도 모른다. 당신에 대한 나쁜 소문을 지어내서 당신과 직원들 사이를 갈라놓기까지 한다. 당신 입장에서는 그녀가 갑자기 180도 달라지니 어안이 벙벙하다. 그녀가 당신을 좋아하는 줄로만 알았으니까.

'부정적인 동반자'형에 속하는 '왕따 시키는 그녀'를 예로 들어보자. 그녀는 당신이 자신을 떠날 것 같으면 왕따를 시켜서 벌을 주려고 할 것이다. 당신이 승진한다거나 자신보다 더 빛나는 새로운 동료를 사귈 때도 말이다. 혹은 당신이 업무와 관련된 심층 강좌를 듣거나 결혼을 하거나 직업을 바꾸려 할 때도 마찬가지다.

3) '아마조네스'형

'아마조네스'는 오늘날의 독립적이고 자족적인 여성상이다. 주로 자신의 성과에만 관심이 있다.

그녀는 당신의 도전 정신을 일깨우며 업무를 중재하는 언니 같기도 하고, 당신의 능력치를 높이도록 옆에서 자극하는 경쟁자 같기도 하다.

그녀는 너무나 질서정연하다. 회사 모든 직원을 한 명 한 명 다 알고 있을 정도다.

'아마조네스'는 무슨 짓을 해서라도 반드시 이겨야 하는 성격의 소유자다. 굉장히 이기적이라서 좀처럼 동료들과 협조할 생각도 없다. 필요에 따라서는 비겁한 수법도 마다하지 않는다. 결국 당신이 울음을 터뜨리면 그녀는 혼자 승리의 웃음을 지을 것이다. 강하고 전투적인 그녀는 약해빠진 직원들을 경멸하니까.

만약 '부정적인 아마조네스'형에 속하는 '불안한 그녀'라면 당신을 어떻게 해서라도 이기려고 할 것이다. 당신이 끝낸 업무를 다시 시킨다거나 야근을 하게 하여 완전히 녹초로 만든다.

4) '심령술사'형

'심령술사'는 무의식과 미지의 세계를 이해하는 중재자 같다. 아무것도 없는 공기 속에서도 아이디어를 낚아챌 인물이다. 심오하고 창의적인 생각을 하느라 피곤해서 늘 잠이 많은 것인지도. 그래서 그녀가 정작 필요할 때는 함흥차사인 건지도 모른다.

그녀는 무의식을 자유자재로 사용할 줄 아는 사람이다. 자신의 직관을 폭넓게 사용하는 것이다. 주변 사람들에게는 이런 면이 기분 나쁠 수 있다.

그녀는 주문을 걸어 당신을 감쪽같이 속인다. 혹은 암울한 미래를 내다보는 통찰력으로 당신에게 겁을 줄지도 모른다. 당신이 프레젠테이션을 망칠 것 같다는 둥, 고객 계좌를 잃어버릴 거라는 둥, 컴퓨터가 망가져서 한 달 치 조사 자료가 다 날아갈 거라는 둥 하면서 말이다.

그녀와 같이 있으면 늘 혼란스럽다. 어떨 때는 당신에게 관심을 두는 것 같다가도 이내 당신을 괴롭히니까. 그녀의 비위를 맞추는 게 여간 어려운 일이 아니다. 그녀는 옆에서 누가 항상 시중을 들어줘야 하는, 어쩐지 좀 무서운 타입이다.

게다가 당신을 비롯한 모든 직원들의 비밀을 꿰고 있다. 신기하게도 그녀는 누가 해고를 당할지, 누가 남자친구와 헤어질지, 누가 계약을 따낼 것인지를 척 보면 안다. 직장 내의 정치적 문제에 대해서도 빠삭하고, 미래를 읽을 줄도 안다. 아무튼 심기를 건드리기에 좋은 대상은 아니다.

'얍삽한 그녀'는 '심령술사' 원형에 고착되었을 수 있다. 능글맞은 그녀는 깜찍하게 이것저것을 눈치채고 당신에게 파고들려고 한다. 그리고는 들러붙어 떨어지지 않는다. 흡사 '독거미' 같은 그녀. 당신의 에너지를 전부 흡수한 뒤 당신을 통째로 꿀꺽 삼켜버릴지도 모른다.

자기 자신을 되찾기

우리는 모두 자신만의 '신화Myth'를 품고 살아간다. 여기서 신화란 개인의 내면에 있는 어떤 근거 없는 믿음과도 같다. 사람들은 그 믿음 때문에 일정한 방식으로 행동하게 되는 것이다. 예를 들어 당신은 '내가 착하게 살고 고난을 참아내면 누군가는 나를 도와줄 거야'라는 믿음을 갖고 있을지도 모른다. 그런 믿음은 '긍정적인 동반자' 원형에 부합한다. 그래서 당신은 상사와 동료들이 당신을 푸대접을 해도 늘 그들을 잘 챙겨주었다.

당신의 일은 '긍정적인 원형'을 나타낼 때 더 순탄하게 흘러간다. 그리고 당신이 지금껏 '동반자'의 원형을 보였다면 이제는 '아마조네스'나 '심령술사'의 원형을 나타낼 차례인지도 모른다. 개인 컨설팅 회사를 차려 이제 막 세상에 발을 내디뎠을 때가 바로 이런 경우다.

당신의 목표는 '자신의 진정한 모습을 되찾는 것'이어야 한다. 그러기 위해서는 당신의 목표에 대해 끊임없이 속삭이는 내면의 목소리를 따라야 한다. 당신에게 가장 알맞은 직업을 찾는 거다. 자신의 잠재력과 문제점을 동시에 인정하자. 그리고 자신의 고유성을 받아들이자. 그러면 목표를 향한 그 기나긴 여정에서 간혹 실수를 저질러도 자기 스스로 너그러이 수용하는 유연성이 생긴다.

물론 주위에서 "쓸데없는 짓 그만하고 할 일이나 제대로 해!"와 같은 말을 할지도 모른다. 스트레스로 꽉 차서 포화하여 자신의 행동이 얼마나 잘못된 건지 알지 못할 수도 있다. 등 뒤에서 대체 무슨 일이 벌어지고 있는지 깨닫지 못하기도 한다. 그럴 때면 주위 사람들의 도움을 적극 이용하는 게 좋다. 믿음직한 동료나 멘토를 찾아 가르침을 받는 건 어떨까?

'부정적인 원형Negative Archetypes'의 4가지 유형

이쯤에서 그녀들에게 보이는 '부정적인 원형'에 대해서도 자세히 알아보자. 그녀의 '부정적인 원형'이 요구하는 바가 무엇인지 안다면 그녀를 다루기가 쉬워질 것이다. 그녀의 거친 깃털을 고르는 것처럼 말이다.

1) '부정적인 어머니'형

'부정적인 어머니' 원형은 '공주병 있는 그녀'에게 나타날 확률이 가장 높다. 그녀는 자신이 우주의 중심이라고 믿는다. 부하 직원도 자신이 창조한 결과물로 여긴다. 그래서 그만큼 쉽게 그들을 부서뜨릴 수도 있다고 믿는다. 마치 모든 직원이 시종이 되어 그녀를 숭배해야 할 것 같은 분위기다.

그녀와의 관계를 고치고 싶은가? 그렇다면 이런 감정에 대해서 한번 생각해보자. 딸이 집을 떠나서 자신이 쓸모없어졌다고 믿는 어머니의 심정을. 그녀는 지금 매우 격해져 있다. 이제는 늙고 초라해진 기분이다. 자신이 휘두를 꼭두각시가 없어져서 상실감이 물밀듯 밀려든다. 그래서 이제는 자신을 필요로 하지 않는 딸을 벌주고 싶은 마음을 떨칠 수가 없다. '아니, 어떻게 감히 나를 떠날 수가 있지!' 바로 이것이 그녀의 감정이다.

'부정적인 어머니'형에 대처하기

당신을 지금의 멋진 모습으로 만든 게 그녀의 덕이었음을 재차 확인시켜줘라. 그리고 주변 사람들에게 '그녀가 얼마나 멋진 사람인가'에 대해 알리는 거다.

이처럼 그녀는 당신이 자신 때문에 성공했다는 확신이 들어야만 당신을 놔줄 것이다. 또 당신이 '어머니'인 그녀 곁에 계속 있을 거라는 안심이 들어야 한다. 그래야 빈 둥지를 쳐다보는 어미 새가 되지 않고, 당신이 배은망덕하다고 느끼지 않을 것이다. '넌 내가 낳은 자식이니 나보다 작아야지. 내가 항상 더 크고 말이야. 이걸 절대 잊으면 안 돼!' 그녀는 이렇게 넌지시 말하고 있는 거다.

그녀는 '난폭한 어머니'이기 때문에 당신이 하는 모든 것이 성에 차지 않는다. 그런데도 당신은 항상 그녀에게 넘치는 감사

표시를 해야 한다. 절대 그녀를 '과거'라고 칭해서는 안 된다. 그녀는 여전히 지혜의 대명사다. 동화로 말하자면 "거울아 거울아, 세상에서 누가 제일 예쁘니?"라고 물었을 때 "바로 왕비님이십니다"라는 대답을 들어야 직성이 풀리는 거다.

물론 주의할 것이 있다. 당신의 양심이나 상식에 도저히 맞지 않으면 이 전략은 쓰지 않는 게 낫다.

'부정적인 어머니'형은 '공주병 있는 그녀'뿐만 아니라 다른 유형에서도 볼 수 있다. 그들에 대한 대응책도 비슷하다. '왕따 시키는 그녀'와 '얍삽한 그녀'도 당신이 다른 '어머니'를 찾으면 성을 낸다. 다른 멘토, 동료, 상담사에게 자신이 밀렸다는 느낌을 받기 때문이다. 당신이 대가, 즉 그녀에게 감사하지 않는다고 느껴도 화를 낸다.

'무능력한 그녀'는 어머니로서 자신이 가진 단 하나의 카드가 바로 자신의 넓고 자애로운 가슴이라고 여긴다. 만약 당신이 자신의 모유를 시큼하다고 거부라도 하면 독을 먹이려고 할지도 모르는 일이다.

2) '부정적인 동반자'형

이 원형은 당신의 전남편, 당신이 거부한 멘토, 옛 베스트 프렌드의 모습과 비슷하다. 이 원형을 보이는 그녀는 자신이 당신에게 더 이상 특별한 존재가 아니라고 생각될 때 당신을 괴롭힐 것이다. 당신의 인간관계를 망가뜨리는 거다.

당신이 참석하는 이벤트에 그녀를 초대하는 걸 빼먹으면 안 된다. 보고서나 감사 카드에도 그녀의 이름을 꼭 올려라. '세계에서 가장 영향력 있는 여성 5인' 리스트에도 그녀를 끼워 넣어야 할 판이다. 직장의 모든 획기적이고 창의적인 아이디어를 담당하는 '연금술사'가 바로 그녀 자신이니까. 그러니 마땅히 인정해야지 않겠는가.

'얍삽한 그녀'나 '무능력한 그녀'가 이 '부정적인 동반자'형의 모습을 보이는 경우가 많다.

'부정적인 동반자'형의 또 다른 면은 상사에 대한 독점욕이 높다는 것이다. 당신이 등장하기 전까지는 상사와 가장 친했던 그녀였다. 이제 당신이 눈엣가시가 되었으니 쫓아내고 싶어 근질근질하다. 셋이서 밥이라도 먹는다면 그녀는 당신에게 등을 휙 돌린다. 그리고는 잽싸게 "매니저님, 그때 이런저런 일 기억나세요?" 하면서 상사에게만 친한 척한다. 당신은 전혀 알 턱이 없는 고릿적 이야기다.

그녀는 바로 '부정적인 동반자'형에 속하는 '왕따 시키는 그녀'다. 하지만 '겨우 자기 기분 맞추라고 상사와 만나지도 말라는 거야?' 하는 생각이 드는 당신. 당신과 상사 사이를 갈라놓으려는 그녀의 깜찍한 농간에 빠져드는 기분이다.

또 다른 경우를 살펴보자. 만약 당신과 그녀가 프로젝트를 위해 컨설턴트와 만난다고 하자. 그녀는 그 컨설턴트를 혼자 독차지하려고 할 것이다. 컨설턴트로부터 받은 메시지를 당신에게 전하지도 않고, 혼자서만 컨설턴트를 만나려고 한다. 좀처럼 둘이 같이 있도록 내버려두질 않는 것이다.

이렇게 그녀가 상사와 컨설턴트를 독점하려는 건 당신이 경력을 쌓는 것을 저지하기 위해서다. 한두 번쯤은 그녀가 하는 대로 넘어갈 수 있다. 하지만 장기적으로 봤을 때 이를 계속 지켜보기만 한다면 당신의 경력에 치명타가 될 것이다.

이런 경우, 해결 방법은 컨설턴트가 직접 나서는 것뿐이다. 나쁜 그녀가 둘 사이에 끼어들려고 하면 컨설턴트가 그녀 앞에서 당신에게 이렇게 말해야 한다.

"메시지가 제대로 전달이 안 된 모양이군요. 둘이서만 만나서 이야기할 게 있는데. 그녀와는 저번 주에 만나서 프로젝트에 대한 회의를 벌써 마쳤거든요."

상사와 컨설턴트도 그녀에게 말려들지 말아야 한다. 상사는 그녀에게 듣기 싫은 소리를 해서라도 다른 직원의 권리를 제대로 지켜줘야 할 의무가 있다. 즉, 그녀를 저지하기 위해서는 좀 더 높은 직급에 있는 제3자의 간섭이 필요한 것이다.

'부정적인 동반자'형에 대처하기

'부정적인 동반자'형에 속하는 '무능력한 그녀'를 당신이 자신의 롤모델로 여기게 되면 그녀는 당신을 제거할 필요성을 잃게 된다. 다시 말하자면 그녀는 자신이 없으면 당신이 우왕좌왕할 거라는 확신이 들어야 비로소 안심하는 것이다. 생각해봐라. 당신이 회사에서 다른 직원과 파트너가 되기 전까지 그녀가 얼마나 상냥했는지를.

'부정적인 동반자'형을 해결하는 방법은 하나다. 당신과 알콩달콩 비밀을 나누는 사람은 그녀뿐이라는 확신을 심어주어라. 당신에게 영감을 주고, 당신이 가진 잠재력을 끌어 올리는 사람은 그녀밖에 없다는 생각을 들게 하는 것이다. 그녀가 누구보다 박식한 커리어우먼이라고 느끼게끔 해야 한다. 경력을 쌓고 창의력을 불태우려면 그녀만의 은밀한 비법이 있어야 한다고 슬쩍 알려라.

직장의 모든 사람들에게 그녀가 어마어마하게 중요한 인물이라는 증거도 뿌리고 다녀라. 당신이 최선의 능력을 발휘하는데 그녀가 얼마나 자극이 되는지도 빼놓지 말 것!

물론 그녀의 비위를 맞추는 이런 전략도 도저히 당신의 양심이 허락하지 않는다면 그만두는 편이 나을 것이다.

3) '부정적인 아마조네스'형

이 원형은 마치 초등학교 시절, 당신과 학급에서 반장이나 체육부장 자리를 놓고 다투던 여자아이와 비슷하다. 당신이 자신보다 월경을 일찍 시작하거나 가슴이 먼저 나오면 분해서 발을 동동 구르던 그녀. 그러면서 당신과 더 이상 경쟁하지 않겠다고 으름장을 놓았었다. "그렇게 비겁한 술수를 써서 나를 이기다니. 너 같은 애는 내 경쟁 상대도 아니야"라면서. 당신은 그저 그런 경쟁자니 당신을 이기는 건 무의미하다는 식이다.

또한 이 원형은 시험을 잘 보고 싶은 마음에 당신의 시험지를 커닝했던 또 다른 아이와도 닮았다. 무슨 수를 써서라도 당신을 이기려던 아이였다. "감히 내 길을 가로막다니, 저리 비켜!"라면서.

이처럼 부정적인 '아마조네스'는 선반에 걸린 상품을 가로채기 위해서 눈에 불을 켜고 달려든다. 그리고는 상품을 절대 다른 사람과 나누지 않는다. 따라서 그녀로부터 어떤 인정이나 관심, 충성심을 기대하기란 거의 불가능하다.

이 부정적 원형은 '왕따 시키는 그녀', '불안한 그녀', '무능력한 그녀', '공주병 있는 그녀', '거짓말하는 그녀'에서 골고루 나타날 수 있다. 그녀들은 당신이 애써 일한 성과를 소리소문없이 훔쳐간다. 또 당신을 이기기 위해서는 무슨 짓이라도 한다.

'부정적인 아마조네스'형에 대처하기

이 원형을 가진 그녀는 승부욕이 대단하다. 또 경쟁의식이 엄청나게 강하다. 이런 그녀를 대하는 방법은 무엇일까? 당신 앞에 놓인 선택은 크게 두 가지다.

첫 번째, 당신이 '아마조네스'의 모습을 따라 하는 것이다. 호랑이는 사슴은 잡아먹을지라도 다른 호랑이에게는 경의를 표하며 선의의 경쟁을 즐길 테니까. 호랑이 같은 그녀에게 상처를 입지 않고 강력하게 맞설 자신이 있다면 시도할만한 방법이다. 물론 어느 정도의 위험은 감수해야 한다.

두 번째, 그녀가 목매달고 있는 상품을 다른 것으로 대체하는 것이다. 그렇게 하면 그녀의 전략을 오히려 역이용하는 셈이 된다. '내가 무엇을 낚아챌 것인가'에 대한 목표를 바꾸면 그에 대한 그녀의 행동도 싹 바뀌기 마련이다. 따라서 직장에서 더 영향력 있고 직급이 높은 사람이 그녀의 눈앞에서 더 크고 먹음직스러운 당근을 매달고 흔들면 된다. 당신 부서에서의 소소한 진급보다 더 번쩍번쩍한 상이 있다고 생각하면 뒤도 돌아보지 않고 달려갈 게 뻔하다. 그리곤 그게 무엇이든 결국 원하는 걸 얻어내고 말 것이다.

이 방법은 회사에서 '아마조네스'를 관리할 때 자주 쓰인다. 이리저리 그녀의 기분을 맞춰줌으로써 그녀를 제어하는 것이다. 그럼 그녀는 더 대외적으로 멋지고, 연봉이 세며, 권위 있는 직급으로 옮겨간다. 회사 입장에서는 그만한 가치가 있는 방법이다. 일단 그녀를 떨쳐내면 더 이상 레이더를 풀로 가동할 필요가 없을 테니까.

4) '부정적인 심령술사'형

이 원형을 보이는 그녀는 모든 것을 남들보다 한발 먼저 알아야 직성이 풀린다. 마치 자신이 '사장님의 오른팔'이자 역사의 흐름도 바꾸는 '요술사'가 된 것 같이 어깨가 으쓱하다.

회사 복도에서 여기저기 기웃거리는 그녀. 그녀는 직원들이 두려워하는 게 무엇인지 기막히게 냄새 맡는다. 곧 무슨 일이 닥칠 것인지 읽는 능력도 탁월하다. 아니면 자신이 지어낸 환상을 당신에게 주입하는 것일까? 당신을 조종하기 위해서?

어찌 됐든 그녀는 용의주도하게 모든 상황을 알아내려 한다. 직장 내의 모든 루머를 선도해야 하며, 비밀도 속속히 알아야 한다. 어디 그뿐인가. 직장의 실세들에게 조언도 해준다. 그녀는 깍쟁이 엄마를 제압할 수 있는 유일한 가족 구성원인 할머니로 비유할 수 있다.

'얍삽한 그녀'가 이 '부정적인 심령술사'에 속하는 경우가 많다. 하지만 다른 유형의 그녀들도 어느 정도 특별대우를 받는 조언자와 같은 역할을 열망한다.

'부정적인 심령술사'형에 대처하기

그녀는 평사원인 당신뿐만 아니라 직급이 높은 사람도 자신에게 조언을 청하길 바란다. 미래에 대해 조언할 때 그들이 심각하게 받아들이고, 그 답례로 조그만 선물이라도 해주길 원한다. 그러니 그녀 앞에서 '아, 저런 사람이 있구나' 하고 그냥 지나간다든지, 그녀의 직관을 깎아내리면 안 된다. 그녀의 기분을 풀어주기 위해 선물을 주는 걸 잊지 마라. 그렇지 않으면 골치 아픈 일을 자처하는 셈이다. 항상 그녀가 자신을 특별한 존재로 느끼게끔 해줘야 한다.

나쁜 그녀에 속하지 않는 '긍정적인 원형Positive Archetype'

'나쁜 여자로 오해받는 그녀'는 사실 긍정적인 원형을 갖고 있다. 단지 당신이 전혀 그렇게 받아들이지 않고 있는 것일 뿐이다.

예를 들어 '긍정적인 어머니'형은 당신을 끔찍한 권력다툼으로부터 보호하려 할 가능성이 있다. 당신이 지나치게 긴장하지 않고 맡은 소임을 다할 수 있도록 말이다. 하지만 당신은 그녀가 중요한 정보를 차단하고 자신이 속한 무리에 못 끼도록 밀쳐낸다고 느낄 수 있다.

한편 '긍정적인 동반자'형은 당신이 직장에서 최고가 되도록 격려하고 앞으로 다가올 승진의 기회를 당신에게 주고 싶어 한다. 또한 당신에게 공부를 더 할 것을 권유하고, 보고서의 결론 부분을 보충하라고 강요하기도 한다. 하지만 당신은 그녀가 트집을 잡는다고 여길 수도 있다. 아니면 하기 싫은 공부를 하라며 벌을 준다고 느끼거나, 당신이 업무에 미숙하다고 억지를 부린다고 생각할 수도 있다.

'긍정적인 아마조네스'는 당신의 능력치를 최대한 끌어올리도록 옆에서 도울 것이다. 당신이 두려워하는 회의 프레젠테이션에 억지로 밀어 넣는다든지 부족한 점을 스스로 돌아보게 할 것이다. 또한 당신의 프로젝트를 돕지 않고, 당신이 판매 실적을 올리게끔 재촉하기도 할 것이다. 당신이 승승장구하기를 바라는 거다. 당신에게 리더십 자질이 있는 것을 처음부터 눈치채고 있는 그녀다. 하지만 당신은 그녀가 혹독하고 비논리적이라고 생각한다. 당신은 늑대가 우글거리는 우리 한복판에 던져진 기분이다.

그런가 하면 '긍정적인 심령술사'는 당신의 '감성지능Emotional Intelligence'을 높이고 싶어 한다. 당신이 직장 내 복잡한 역학 관계를 이해하기를 바란다. 성공적으로 경력을 쌓도록 돕고 싶은 것이다. 그러나 당신은 그녀가 자기 권위를 지키려고 당신을 이용하고 또 간섭도 심하다고 오해한다.

반대 유형은 정말 서로 끌어당길까?

직장에서 자주 발생하는 또 하나의 현상은 바로 '투영projection'이다. 당신은 자신의 검은 그림자, 즉 스스로 용납할 수 없는 어떤 면을 직장의 그 나쁜 그녀에게 투영하곤 한다.

직장 생활을 하다 보면 당신은 자신과 전혀 다른 모습을 한 그녀와 마주하게 된다. 그녀를 통해서 당신이 살아보지 못했던 삶의 한 부분, 즉 검은 그림자를 보는 것이다. 그래서 그녀의 행동을 보면 기분이 나쁘고, 분노가 솟구치고, 역겹기까지 하다.

처음에는 당신과 정반대인 그녀를 경멸한다. 만약 당신이 부탁도 잘 못하고 배려심이 많은 사람이라면, 요구가 지나치게 많은 그녀가 무례하다고 느낄 것이다. 하지만 시간이 지나 일에 지치고 남에게 은근히 무시당하는 느낌이 들 때마다 당신은 그녀를 존경의 시선으로 보게 될지도 모른다. 그녀는 초라한 당신과 너무나 다르기 때문이다. 그녀는 당신보다 훨씬 더 잘 먹고 잘사는 것 같다. 다른 직원들도 '미운 아이 떡 하나 더 주는' 식으로 나쁜 그녀에게 잘 맞춰준다. 결국 그녀는 자신이 원하는 건 뭐든지 얻어내고야 만다. 그게 승진이건, 제일 좋은 일감이건, 남들의 배려건 간에.

그녀를 보면서 당신은 '나도 그녀처럼 저랬다면…… 그러면 이렇게 무시당하거나 이용당하는 일은 없을 텐데'라고 은연중에 생각하는 거다.

반대로 성과에 목매는 일 중독 여성은 퉁명스럽고 으르렁거리는 자신의 모습을 한탄한다. 오순도순 화합이 잘되는 팀에서 혼자만 격리된 기분이기 때문이다. 팀원들은 모두 삶과 일의 균형을 잘 맞추는 것 같다. 그래서 그녀는 '나도 성미가 좀 덜 급하고 조곤조곤 이야기도 잘하는 인기녀였으면' 하고 자신의 반대 성향이 되길 원하는 것이다. 사실 속으로는 겁이 많고 외로운 그녀다. 병가를 내고 집에서 축 처져 있다가 눈 떠봐도 연락해오는 직원 하나 없다. 음식을 해주거나 집안일을 거들어주는 사람도 있을 리 만무하다.

하지만 그렇더라도 누구든 진심으로 자신의 성격을 완전히 반대 성향으로 바꾸고 싶은 사람은 별로 없을 것이다. 그저 성격에 균형을 좀 더 맞추고 싶을 뿐이다. 말하자면, 사람들에게 당당하게 "싫습니다"라고 하거나, 두려움에 떠는 직원 앞에서 성질을 내고 싶어 입이 근질근질해도 참을 수 있게 되길 원한다. 물론 대부분의 사람들은 너무 착하거나 너무 못되게 굴지 않도록 스스로 자신을 제어하기는 한다. 그렇게 할 성격이 못 되고, 무엇보다 결과에 대한 두려움이 앞서기 때문이다.

과연 착하고 온순한 직장 여성이 갑자기 남을 짓밟는 약탈자로 돌변할 수 있을까? 혹은 기업체 구조조정 자문위원인 그녀가 단기간에 해변의 선탠 전문가로 탈바꿈하는 게 가능할까? 그렇게 극적인 성격 변화는 거의 일어날 가망이 없다. 대부분 성격이라는 시계추는 바람직한 중간 지점에 멈추기 마련이다.

그런데 수동적이고 자기주장도 못 내세우던 여직원이 문득 과도하게 공격적인 자신의 모습과 마주할 때가 있다. 예전의 소심한 성격에 대한 보상임을 깨닫는 순간, '아, 내가 직원들을 이렇게 닦달하면 안 되겠구나' 하는 반성에 도달한다. 그 대신 '자신 있게 자신의 주장을 내세우는 법'과 같이 생산적인 목표로 공격성을 승화시킨다.

사내의 화목하고 여유로운 분위기가 너무 지루하고 비생산적이라고 생각하는 나쁜 그녀는 어떨까? 결국 그녀도 너무 느리지도 빠르지도 않은 속도로 업무 스케줄을 맞추는 중용을 택하게 될 것이다.

다른 여자들의 못된 태도가 학창시절이나 20대 때는 너무나도 짜증났던 당신. 그럴지라도 40대가 되어 돌이켜보면 아무렇지도 않게 느낄 수 있게 된다.

02

사고형 vs 감정형

여성들은 자신을 인정해주고 자신의 성과를 존중해주는 일터에서 일하기를 원한다. 그래서 무엇보다 여직원들과 사이가 틀어지면 큰 상처를 받고, 자신의 상사나 동료를 '못된 여자'라며 속단하게 된다. 하지만 사실은 단지 의사소통 스타일이 다른 것뿐인지도 모른다.

이제부터 의사결정을 내리는 방식을 이해해보자. 상사와 동료의 행동을 이해하고, 더 나은 의사소통 방법을 모색할 수 있을 것이다.

융의 '심리학적 유형론Theory of Psychological Types'에 따르면 사람들이 의사결정을 내릴 때는 크게 두 가지 기준을 바탕으로 한다. 바로 '사고Thinking'와 '감정Feeling'이다.

논리와 이성을 바탕으로 의사결정을 내린다면 '사고형'이다. 반대로 개인의 가치관과 가치 체계에 의해 의사결정을 내린다면 '감정형'이라고 볼 수 있다. 물론 사람들은 의사결정을 하는 과정에서 사고와 감정을 모두 사용한다. 하지만 각각의 상황과 안건이 무엇인가에 따라 둘 중 하나를 더 신뢰하는 경향이 있다. 이 두 가지 유형의 개념은 의사결정 과정과 그 과정에서 사용하는 단어를 통해 확연히 드러난다.

'사고형'에 가까운 사람은 논리적이고, 합리적이고, 공정한 태도로 의사결정을 하려고 한다. 객관적인 행동 규범에 따르기 때문에 자신이 공정하고 옳다고 믿는다. 그래서 감정이 연루된 논쟁을 꺼리는 경향이 있다. 말 그대로 지나치게 감정적이라는 이유에서다.

반면 '감정형'에 더 가까운 사람은 각각의 상황에 맞는 결정을 다소 주관적으로 내린다. 자신의 가치관에 합당하다고 믿는 것을 기준으로 삼기 때문이다. 즉, 결정이 미치는 결과가 '나에게 좋은가, 아니면 나쁜가'를 염두에 두고 결정을 내린다. 그래서 '감정형' 여성은 사고 중심적인 논쟁이 너무 차갑고 냉정하다고 느낀다.

따라서 '사고형' 여성과 '감정형' 여성 간에는 의사소통에 문제가 생길 확률이 높다. 의사결정 과정에서 '서로 다른 언어'를 쓰기 때문에 서로의 행동을 '나쁘다'고 생각하는 것이다. 이들 모두 생산적인 의사소통을 위해서 서로의 의사 표현 방법을 배워야 할 필요가 있다.

직장에서 만난 그녀와 함께 일하면서 겪는 불편함 때문에 스트레스가 포화 상태인가? 이런 스트레스가 당신에게 막대한 악영향을 미치기 전에 그녀와의 소통을 개선할 여지가 없을지 궁리해보자.

물론 의사소통이 개선된다고 해서 그녀의 행동이 완전히 바뀌는 건 아니다. 하지만 둘 사이의 긴장이 완화되는 효과는 있다. 그녀가 선호하는 방식으로 일하는 방법도 배울 수 있으니 서로 이해하는 데 도움이 될 것이다.

당신은 '사고형'일까? '감정형'일까?

당신이 어떤 중소기업에서 경험과 능력이 비슷한 12명의 직원으로 이루어진 부서의 관리를 맡고 있다고 가정하자.

어느 날, 상사 한 명이 당신에게 말했다. 지금 회사가 자금난에 시달리니 비용 절감을 위해 직원 몇 명을 정리해고를 해야겠다고. 당신은 부서에서 세 명의 직원을 해고해야 하는 처지다. 누구를 고를지는 당신이 선택해야 하며, 반드시 3주 안에 그들을 회사에서 내보내야만 한다.

당신이라면 이 상황에서 어떻게 대처할 것인가? 지금부터 한번 고민해보자. 맞고 틀린 답이란 없다. 생각을 끝냈다면 의사결정 과정을 종이에 적어보자.

이제 직장에서 당신을 괴롭히는 그녀가 위와 똑같은 상황에 부닥쳤다고 생각하자. 그녀가 어떤 결정을 내릴 것 같은지 또한 적어보라.

'감정형'인 여성은 이와 같은 상황에서 상대방에 직설적으로 명령하고 지시하는 것을 자제하는 경향이 있다. 회사를 떠나야 하는 직원들의 앞날을 먼저 걱정하기 때문이다. 그리고 앞으로의 3주 동안 곧 회사를 떠날 세 명의 직원을 도울 일이 없는지 고민할 것이다. 그래서 회사측에 그 세 직원을 다른 부서로 옮겨줄 수는 없는지, 혹은 차라리 모두의 월급을 약간만 깎는 걸로 대체하는 게 어떠냐고 물어보기도 한다. 또는 자진해서 회사를 떠나고 싶은 사람이 있는지 미리 조용히 알아보고 나머지 직원들을 재배치할지도 모른다.

반면 '사고형'인 여성은 최대한 공정한 선택을 한다. 회사의 미래를 먼저 걱정하기 때문이다. 부서에서 정말 필요한 게 무엇인지, 어느 직원이 그 목표를 가장 잘 수행할지 살펴본다. 직원을 해고하는 것을 피하려고 그 대안을 마련하는 데 시간을 낭비하지 않는다.

이렇듯 '사고형'과 '감정형'은 문제를 해결하는 방식이 다르다. 그렇다고 해서 어느 한쪽만 훌륭하다는 뜻은 아니다. 이 둘 모두 장단점이 있으므로 '사고형'과 '감정형' 모두 훌륭한 매니저, 리더, 사원이 될 수 있다. 물론 진짜 현명한 사람은 상황에 따라 두 가지 방식을 적절히 사용하여 결정을 내리겠지만.

나는 어디에 속할까?

아래 표를 보고 당신을 가장 잘 설명하는 단어나 문장이 '사고형'과 '감정형' 어느 쪽에 속하는지 골라보자. 쉽게 고르지 못하는 항목은 일단 제쳐놓고 다음 항목에 답하면 된다.

사고형	감정형
객관적인 가치를 중시	주관적인 가치를 중시
'무엇'에 근거한 원칙, 비개인적	'누가'에 근거한 원칙, 개인적
분석적, 논리적, 명확성	상황적, 개인적, 조화, 공감
행동의 의도를 중요시	행동 자체를 중요시
업무 자체의 원인과 결과를 중시	업무가 개인에 미치는 영향, 소속감 중시
회의적, 비판적, 냉정함	신뢰와 수용, 연민, 부드러움
경쟁에 민감함	협동에 민감함
논리적 분석으로 결론 도달	자신의 가치관을 바탕으로 결론 도달
조화롭지 않은 분위기에서도 일할 수 있음	다른 사람과 조화가 잘 될 때 일이 가장 잘됨
개인적인 감정으로 결정하지 않는 편	자기 자신 혹은 다른 사람의 호불호에 영향을 받아 결정하는 편
때때로 남에게 충분한 신경을 쓰지 않음	남의 기분을 맞춰주는 걸 좋아함
상황에 따라서 남에게 비판을 할 수 있음	남을 불편하게 하는 것을 꺼림
상황에 관련된 원칙에 주목	상황 이면의 본질적 가치에 주목
업무를 훌륭히 끝마칠 때 보람을 느낌	사람들의 요구를 들어줄 때 보람을 느낌
상황에 따르는 대가는 무엇인가?	사람들이 상황에 어떻게 반응할까?

업무에 따르는 긍정적, 부정적 결과는 무엇인가?	이 업무를 누가 잘 수행할 수 있을까?
업무를 수행하지 않았을 때의 결과는 무엇인가?	업무를 수행하면 팀의 조화에 도움이 될까?
평등	개성
논리적 분석	감정 이입
사무실에 들어오자마자 업무를 시작함	사무실에 들어오자마자 사람들의 기분을 체크함
사고형 총합:	감정형 총합:

'사고형' 란과 '감정형' 란의 합계를 내보자. 어느 쪽의 합계가 더 많은지에 따라 당신이 '사고형'에 가까운지 '감정형'에 가까운지 알 수 있다. 두 란의 합계가 1~2점 정도로 매우 비슷할 수도 있다. 혹은 어느 한 쪽이 현저히 점수가 높거나 낮을 수도 있다. 이것이 개인적인 능력의 유무를 나타내는 건 아님을 명심해라. 그저 당신이 '사고형'과 '감정형' 중에 어느 쪽을 선호하는지 알아보는 데 의의가 있다.

업무에 대한 대화를 나눌 때 상대방이 선호하는 언어와 방식을 사용하면 서로 간의 이해를 높일 수 있다. 그녀와 의사소통 방법이 다른 것을 인정하는 순간, 이전에 그녀와 부딪히던 문제가 '사고형'과 '감정형'의 차이라는 것을 깨달을지도 모른다. 운이 좋으면 직장의 몇몇 그녀를 '나쁜 여자로 오해받는 그녀' 유형으로 재분류하게 될 수도 있다.

'사고형' 그녀에 대해 알아보기

'사고형' 상사는 "주말 잘 지냈어요?" 같은 친근한 말은 좀처럼 하지 않는다. 당신의 직급이 높고 낮음과 관계없이 말이다. 그녀는 성과주의자이므로 복도를 걸어가는 와중에도 다음 업무 계획이 머릿속에 빼곡하게 차 있다. 그냥 생각을 골똘히 하는 것뿐인데 그 모습이 주변에는 냉랭하게 비치기도 한다. 따라서 그녀가 대체 무엇을 생각하는지 먼저 물어볼 필요가 있다. 그렇지 않으면 그녀를 나쁜 그녀로 오인하기 쉽다.

그녀 또한 자신이 짜증이 나거나 화가 난 게 아니라는 걸 주변에 알려야 한다. 이런 해명이 없다면 '감정형' 그녀는 '사고형' 그녀가 자기에게 화가 난 줄로만 안다. 그녀는 웃지도 않고, 주변에 "안녕하세요"라는 인사도 잘 하지 않기 때문이다.

그녀는 사람들에게 논리적인 명령을 내리기를 즐긴다. 문제나 상황을 총괄적인 시선에서 보는 경향도 있다. 그녀의 주특기는 복잡한 문제에 해결사 노릇을 하는 것이다. 자신이 흥미를 느끼는 상황에 대해서는 적절한 전략을 짜내는 머리가 비상하다. 그리고 재빨리 필요한 자원과 도구를 동원한다.

그녀는 의지가 굳고, 고집이 세다. 역동적이고, 날카로우며, 판세를 주도한다. 일을 벌이고 끝맺는 것을 즐긴다. 미래를 내다볼 줄 알고, 실용적이기도 하다. 프로젝트를 기획하는 것에 탁월한 능력이 있다. 뭐든지 열성적으로 밀고 나가는 편이다.

또 그녀는 이런저런 그룹을 조성하고, 이벤트를 짜는 데 열성적이다. 일이 끝난 뒤에는 놀면서 자유 시간을 만끽하기도 한다. 일과 관련해 만난 이들, 즉 고객이나 거래처 사람들과 이벤트를 마련해서 즐거운 시간을 보내는 것이다. 모든 것이 효율적이고, 깔끔하며, 균형을 이루기를 원하는 마음에서다.

그녀는 불필요하다고 생각되는 칭찬은 하지 않는다. 그저 직원들이 그녀가 그들과 일하는 것에 만족하고 있다고 알아서 생각해주길 바랄 뿐이다. 만약 같이 일하는 게 껄끄러웠다면 그녀가 그들과 같이 일하고 있을 리가 없으니까.

하지만 그런 그녀에게도 단점은 있다. 주변으로부터 다소 참을성이 없다는 평가를 받는다. 부하 직원들은 그녀가 너무 자신만만하고, 고집불통이며, 요구하는 바가 많다고 느끼곤 한다. 더군다나 업무로 스트레스를 받으면 매우 비판적이 되고, 거들먹거리는 태도를 보인다. 다른 직원들의 의견에는 아랑곳하지 않고 혼자 나대느라 바빠 보이는 거다.

그녀와 같은 '사고형'은 민감한 '감정형'을 답답하게 여긴다. 매사에 모든 일을 개인감정으로 받아들인다고 생각하는 것이다. 하지만 그렇다고 한들 '사고형' 그녀가 못된 것은 아니다. 단지 "X에 관한 프레젠테이션이 나을까요, 아니면 Y에 관한 프레젠테이션을 할까요?"라는 '감정형'의 질문에 답하는 데 시간 낭비하기 싫을 뿐이다. 그에 대한 대답을 하면 '감정형'은 "그럼 제가 X에는 전혀 소질이 없다고 생각하시나 봐요?"와 같은 민감한 추가 질문을 던질 게 뻔하다고 보는 거다.

'사고형' 그녀와 대화할 땐 이렇게!

- 그녀와 미팅을 시작하기 전에 당신이 할 말의 논점을 노트에 적어라. 그녀와 이야기를 나누는 도중에 할 말을 잊어 우왕좌왕하는 일이 없도록 참고할 것을 마련한다.
- 그녀와의 약속 장소에 들어가 앉으면 핵심으로 바로 들어가라. 그녀의 사무실이나 회의실에 어슬렁거리면서 소소한 이야기를 나누면 안 된다. 쓸모없는 수다에 그녀가 짜증을 낼지도 모른다.
- 미팅의 직접적인 목적을 언급한 뒤 함께 데이터를 훑어야 한다. 만약 그녀가 심층 설명이 필요한 눈치면 그냥 대놓고 물어보면 된다. "혹시 이 사항에 대한 통계가 필요하신가요? 아니면 그냥 계속 진행할까요?" 이렇게 말이다.
- 그녀에게 총체적인 상황, 즉 '큰 그림'을 먼저 주어라. 세세한 정보가 더 필요하다면 그녀가 먼저 부탁할 것이다.
- 당신이 맡은 프로젝트나 업무가 원활하게 진행될 거라는 확신을 심어주어라.

- 논리적으로 생각하고 말하라. "사무실에 누구누구도 이 아이디어가 좋다고 했는데……"라는 식의 의미 없는 설명을 덧붙일 필요가 없다. 상황에 맞는 원칙만 고수하라.

- 업무에서 필요로 하는 예산과 얻게 될 이득에 대해 상세히 설명하라. 계산적인 그녀는 그 일이 '왜 가치 있고 보람된 것인가'에는 그다지 관심이 없다.

- 그녀에게 정보를 전달할 때는 그녀가 바라는 방식으로 주어라. 그렇게 하기 위해서는 그녀가 직원들에게 어떤 방식으로 정보를 주는지 관찰하라. 그녀는 그래프나 차트로 정보를 얻는 것을 선호할지 모른다. 당신이 글로 써진 목록이나 일화를 통해 정보를 습득하는 것에 비하면 상당히 다른 방식이다. 비록 당신이 선호하는 방식과 다르다 할지라도 그녀가 원하는 방식으로 정보를 제공하도록 노력해야 한다.

- 그녀와 대화할 때는 되도록 개인적인 내용을 섞지 말고 일에 초점을 맞춰라. 그녀는 다른 사람의 기분을 맞추려고 일하지 않으니까 직원들 이야기를 끌어들일 필요가 없다.

- 그녀에게 자신을 너무 드러내지 마라. 무엇이 당신을 움직이고, 당신이 바라는 게 무엇인지, 당신의 가치관에 대해서 그녀가 잘 모를수록 좋다. 그녀에게 약점을 잡힐 수도 있기 때문이다.

- 미팅 주제와 관련해서 그녀가 쉽게 이해할 수 있을 만한 최신 정보를 주어라. 예를 들어 짧은 글이나 기사, 회의 요점, 보고서, 핵심요약 등이다.

- 대화 중에 "그냥 조금", "약간", "꽤", "저기, 죄송한데요"와 같은 말을 사용하지 않는 게 좋다.
- 그녀는 당신이 짧고 명쾌하면서 핵심을 찌르는 분석적인 태도로 나올 때 가장 잘 반응할 것이다. 한 마디로 충분한 것을 괜히 열 마디로 말할 필요가 없다.
- 그녀에게 칭찬이나 긍정적인 피드백을 주고 싶다면 미팅 후반에 끝맺는 말로 간단명료하게 해라. 아마 회의 시작 때보다는 더 잘 들어줄 것이다. 처음부터 좋은 말만 한다면 당신의 의도를 의심할 여지가 많다. 또 미팅 시작부터 '문제 사항이 무엇인가'에 더 관심이 많기 때문에 긍정적인 멘트는 흘려들을 수도 있다.
- 그녀는 모호한 말보다 정곡을 찌르는 건설적인 비판을 더 선호할 것이다. 그녀의 목표는 좀 더 유능해지는 데 있다. 따라서 '어떻게 하면 모든 업무를 더욱 잘할 수 있을까'를 알고 싶어 한다. 또한 그녀는 자신이 잘하는 일만 한다. 반면에 자신이 잘 못하는 일은 일부러 피한다. 그럴 때 당신이 눈치 빠르게 그녀가 개선할 부분을 찾아주고 유용한 팁을 주면, 그녀는 당신의 성의를 고맙게 생각할 것이다.

'감정형' 그녀에 대해 알아보기

그녀는 직원들의 사기와 직원들 간의 조화를 유지하는 데 민감하다. 그래서 직원들 모두 능률적으로 일할 수 있도록 돕는다.

그리고 직원들에게 영감을 불러일으키고 잠재력을 키워주려 한다. 힘들고 위험한 상황 속에서도 직원들이 집중하도록 격려하며, 그들의 감정을 어루만지고 체력적인 면도 살펴준다. 직원들의 개성과 자유 또한 존중해준다.

'감정형' 그녀들은 미처 예상치 못한 일이 닥쳐도 잘 대응하는 편이다. 따라서 계속되는 위기나 지각변동에도 잘 대처한다. 회사에서 발생한 어려운 상황에 나서서 협상하고 중재하는 것도 '감정형'의 몫이다.

'감정형' 그녀와 대화할 땐 이렇게!

- 미팅 전에 그녀가 약속 시각에 맞춰 나올 수 있는지 미리 확인하라. 물론 '사고형'인 직원과 만날 때는 그럴 필요가 없다. 당연히 시간이 되니까 만나자는 것이다. '사고형'인 그녀는 혹시 미팅을 짧게 끝내야 할 일이 생기면 미리 언질을 줄 것이다.
- 그녀와 만나기로 한 사무실에 들어갈 때는 여유 있는 표정을 지어라. 자리에 앉고, 편하게 인사를 나누면 된다. 그녀가 본격적인 업무 이야기를 하기 전에 소소한 대화를 나누는 것을 좋아하면 일상적인 대화를 나누어라. 차나 커피를 하겠냐고 물어봐도 좋다.
- '감정형' 그녀와 대화할 때는 건설적인 비판과 긍정적인 멘트를 잘 섞어야 한다. 그래야 당신의 말을 더 잘 들어줄 것이다.

- 그녀와 눈을 마주치는 것을 잊지 마라. 그녀와 눈을 계속 마주치는 게 불편하면 그녀의 '트라이앵글 존Triangle Zone'을 보면 된다. '트라이앵글 존'이란 그녀의 코에서 눈썹 바로 위까지에 삼각형이 있다고 가정하고 보는 부분을 말한다.

- 대화를 시작할 때 칭찬을 먼저 하라. 그녀에겐 당신과의 대화가 신경이 곤두서는 대립이 아닐 거라는 확신이 필요하다. 그래야 안심하고 당신의 이야기를 듣고 수용할 것이다.

- 그녀는 자신이 한 인격체로서 존중받고 있다는 느낌을 매우 중요시한다. 만약 당신이 그녀를 존중하지 않은 것처럼 보이면, 그녀는 당신이 자신을 인정하지 않는다고 착각할 것이다. 그렇게 되면 실제로 자신이 고쳐야 할 사항이 있어도 제대로 시정하지 않는다.

- 그녀에겐 자신이 거부당하지 않는다는 확신이 있어야 한다. 그래야 어떤 문제나 실수가 생겨도 자신이 잘 헤쳐나갈 수 있으리라고 믿기 때문이다.

- 그녀의 이야기 도중에 불쑥 끼어들지 말고 일단 듣기만 해라. 그녀가 이야기를 마치고 난 뒤에야 피드백이나 도움이 될 만한 정보를 주어도 괜찮겠냐고 물어보아라. '사고형' 상사와는 정반대로 "그냥 조금", "약간만", "꽤" 혹은 "저기, 죄송한데요"와 같은 말을 곁들이는 게 좋다. 다소 딱딱하고 냉정한 말투는 피해야 한다.

- 그녀에게 어떤 정보에 관해 이야기할 때는 '그녀가 당신에게 정보를 주는 방식'으로 주어라. 말하자면 숫자나 통계를 이해하기 쉽게 말로 풀어서 전하거나 원형 차트에 말을 적어 넣어서 보여주는 방

법을 이용한다.

- 대화 중간에 그녀가 당신의 말을 잘 따라오고 있는지 확인하라. 그녀가 당신의 말을 잘 이해하지 못할 수도 있다. 또한 더 필요한 자료가 있어도 중간에 당신의 말을 자르지 않으려고 할 것이다. 따라서 대화 중간에 그녀가 당신의 말을 잘 이해하고 있는지 확인하면 반가워할 것이다.
- 긍정적인 멘트로 이야기를 끝맺어라. 처음에 했던 멘트를 다시하거나 다른 멘트를 새로 하면 된다. 마지막으로 더 논하고 싶은 것이나 질문이 있는지, 다른 필요한 것이 있는지 물어보는 게 좋다.

오해받기 쉬운 '감정형' 그녀의 행동

다음에 소개할 '감정형'의 세 가지 행동은 '사고형'에게 오해받기 쉬운 대표적인 사례다. 이 행동을 받아들이는 단순한 차이가 서로 간의 오해를 불러일으킨다.

1. 사과하기

'감정형' 그녀가 "저, 귀찮게 해서 죄송한데요. 제가 이러저러한 게 필요해서요"라고 말하는 게 정말 미안하다는 뜻은 아니다. 그저 상대방의 기분을 존중하며, 지금이 대화하기에 적절한 타이밍인지를 알려는 것뿐이다.

하지만 '사고형'의 그녀는 '죄송'이라는 단어에 귀가 쫑긋한다. 그리고는 당신이 아부하길 좋아하거나 자신감이 없는 사람이라고 넘겨짚는다. 따라서 '사고형' 상사나 동료에게는 "실례해요, 죄송하지만……" 이렇게 말을 걸 필요가 없다. 사무실에 들어오자마자 하고 싶은 말부터 꺼내면 된다.

2. 돌려서 말하기

'사고형' 그녀는 의견을 말할 때 직설적이다. 따라서 '감정형' 그녀가 소소한 일상 이야기로 관심을 분산시키거나 할 말을 빙빙 돌려서 말하면 시간 낭비라고 생각한다.

따라서 '사고형'과 대화할 때는 직설적으로 말해라. "저기, 죄송하지만 부탁이 있는데요. 이것 좀 아침 10시까지 해주면 안 될까요?"라고 돌려 말하는 것보다 "아침 10시까지 이걸 좀 해주시면 좋겠습니다" 이렇게 말하는 게 낫다. 또 "늦어서 정말 죄송해요. 그만 차 사고가 나는 바람에……"가 아니라, "차 사고가 있었어요. 자초지종은 나중에 말씀드릴게요"라고 말해야 한다.

반면 '감정형'은 '사고형'이 만나자마자 "이 보고서를 오전 10시까지 꼭 해놓으세요"라고 말하면 '사고형' 그녀를 '불안한 그녀'로 인식할 수 있다. 그전에 "안녕하세요, 오늘 하루는 어때요?"와 같은 친근한 말을 들을 것을 예상했기 때문이다.

3. 칭찬 부인하기

'감정형' 여성은 칭찬을 받았을 때 "감사해요"라고 말하는 걸 부담스러워한다. 대신에 "에이, 아무것도 아니었는 걸요"라고 얼버무린다.

하지만 그러다 보면 상황이 의도치 못한 방향으로 흘러갈 수도 있다. 만약 '감정형' 당신이 칭찬을 받았을 때 부인하거나 회피하면 스스로 자신의 노력을 '아무것도 아닌 것'으로 격하시킨 것과 다름없게 된다. 그러면 남이 당신의 업무에 흠을 잡기도 쉬워진다. 어차피 당신이 "누구나 할 수 있었을 텐데요"라고 이미 시인한 셈이 되기 때문이다.

03

직장에도 세대 차이가 있다

직장 여성들 사이에 사소한 일로 오해를 살 때, 그 원인은 대개 의사결정 방식의 차이에서 비롯된다고 앞에서 이야기했다. 하지만 가장 명백한 이유 중 하나는 바로 '세대 차이'다. 가정에서 세대 차이를 겪는 것과 마찬가지로 직장에서도 세대 차이가 엄연히 존재한다.

20대 중반인 베다니는 50대인 웬디가 싫다. 베다니가 보기에 웬디는 '알짤 없는' 태도의 소유자다. 사람들의 편의를 봐주는 데는 도통 관심이 없다. 그녀에게는 수십 년 간 고수해온 그녀만의 업무 방식이 있다. 긴 세월 동안 눈부신 과학기술의 발전 속에서도 한결 같았다. 그녀는 경제 침체와 정리해고의 홍수 속에서 수많은 직원들이 회사를 들어왔다 나갔다 하는 것을 지켜본 산증인인 셈이다.

베다니는 숨통이 막힐 지경이다. 회사의 일하는 방침에 혁신을 일으키고 싶은데 웬디가 사사건건 막는 느낌이기 때문이다.

하지만 웬디는 그저 자신의 맡은 임무를 충실히 하는 것뿐이었다. 실은 웬디도 베다니의 넘치는 젊은 에너지 때문에 온몸이 피곤했다. 알고 보면 피장파장인 셈이다.

한편 40대 직장인 루이즈는 자신보다 20살 어린 라니가 악랄해 보인다. 말버릇이 험하고, 참을성도 없으며, 무조건 앞만 보고 돌진하는 것 같다. 게다가 페이스북을 하는 데 많은 시간을 낭비하는 등 자신의 업무도 제대로 못해내고 있다. 루이즈는 속으로 생각한다.

'아니, 회사를 겨우 5개월밖에 안 다녔으면서 사사건건 끼어들기나 하고, 대체 그럴 권리가 있기는 한 거야? 바라는 것은 왜 이렇게 많아? 그러면서 우편물 좀 가져다줄 수 있냐는 말에도 시큰둥하고 말이야.'

우편물을 가져오라는 루이즈의 부탁에 라니는 자신의 업무가 아니라는 식으로 나온 것이다. 결국 우편물을 가져다주긴 했지만 억지로 하는 것 같았다.

하지만 루이스는 라니의 고민을 알지 못했다. 라니는 자신이 맡은 낮은 직급에 좌절하고 있었던 것이다. 그녀의 퉁명스런 말투도 그 또래 직원들이 잘 쓰는 말투였을 뿐이다. 그저 라니의 의사소통 방식이 원래 그런 것뿐이다.

오늘날의 직장에는 경험이 천차만별인 다양한 세대의 여성들이 모여 있다. 노년에 속하는 여성이 있는가 하면, 베이비부머Baby Boomer 세대도 있고, X세대도 있으며, Y세대도 있다. 젊은 여성은 자신의 엄마보다 나이가 많은 여성과 일할 수도 있다. 또 베이비부머 세대는 자신의 딸보다 더 어린 여직원을 관리하며 일하기도 한다. 그러다 보니 긴장과 혼선이 생길 수밖에 없다. 그래서 세대 차이로 인해 의사소통에 문제가 생긴다. 의사소통이 원활히 안 되면 서로 '나쁜 그녀'라며 비난하기 쉽다.

수많은 신세대 여성들은 베이비부머 세대들이 결혼하면 직장을 그만두어야 했고, 비행기를 타고 외국 출장도 잘 못 다니는 분위기였다고 하면 깜짝 놀란다. 그리고 몇몇 나이든 여성은 신세대가 그들의 노력과 희생을 인정하지 못하는 것 같으면 짜증을 낸다.

그런가 하면 어떤 중년 여성들은 젊은 세대가 자신과 동등한 위치에 서려는 것을 오히려 흐뭇하게 바라본다. 불합리한 구식 모델을 거부하고, 새로운 모델을 구축할 정도로 배짱이 두둑한 게 대견한 것이다.

반면 요즘의 전업주부는 몇몇 또래 여성으로부터 그다지 좋은 소리를 못 듣는 게 사실이다. 전업주부를 별로 탐탁지 않게 여기는 사람들이 있기 때문이다. '경력이라도 쌓아야지, 집에서 뭐한담?' 하고 생각하는 것이다.

다양한 연령대의 여성들이 한 직장에 모여 있다 보니 서로 현재 겪고 있는 경험과 상황도 다 다르다. 어느 여성은 임신하려고 노력하는 중인가 하면, 어떤 여성은 갱년기를 지나가고 있다. 또 어떤 여성은 아이들이 아직 어리고, 또 다른 여성은 자녀들이 십대를 보내고 있다. 그런가 하면 할머니가 되어 손주를 본 여성도 있다. 삶에 만족하는 화려한 싱글족이면서 아이는 낳고 싶어 하는 여성도 있고, 어떤 직원은 시험관 아기 시술에 도전하고, 또 다른 직원은 싱글맘이 되어 아이를 혼자 키운다. 이런 복잡한 개인의 사정을 뒤로 하고 여성들은 직장을 하나의 탈출구로 삼아 출근한다. 하지만 그 이면에 이런 다양한 개인 차이가 있다는 건 알기 힘들다. 물론 직장 생활을 계속 하다 보면 서서히 드러나게 되겠지만.

이런 다양함이 시사하는 바가 무엇일까? '나쁜 그녀'가 되는 게 사실은 '다양한 개인차'에서 비롯될 수 있다는 사실이다. 그러니 다른 직원들의 업무 방식에서 뭔가 배울 점은 없는지 시간을 두고 생각해 볼 필요가 있다. '저 동료의 인생에선 지금 무슨 일이 일어나고 있을까?'라는 생각을 해보자. 가끔은 "요즘 어때요? 괜찮아요?" 같은 따뜻한 말 한마디가 그녀와의 관계를 매끄럽게 만드는 데 놀라운 힘을 발휘할 것이다.

서로의 장점을 적극 활용하기

현대에 들어오면서 여성은 자신의 가정 생활 경험을 바탕으로 새로운 비즈니스의 장을 열었다. 또 자신만의 축적된 노하우로 새로운 업무 방식을 창조하기도 했다. 중년 이상의 많은 여성들은 회사 생활을 계속해 노련한 상사나 중역의 자리까지 오르기 시작했다. 자신의 사업체를 설립한 여성도 많다.

향후 10년 안에 개인의 다양성을 인정하는 직장이 탄생할 확률이 대단히 높다. 그 결과 수많은 직장에서 다양한 연령대의 여성이 함께 어울려 일하게 될 것이다.

어느 직장에 가든지 자신감 넘치고, 깍쟁이 같으며, 자기주장이 센 여성이 있기 마련이다. 반대로 감성적이고, 민감하며, 남에게 동조도 잘하고, 조심스러운 여성도 있다. 이들 중 몇 명은 나쁜 그녀일 수도 있고, 어떤 이는 전혀 아닐 수도 있다.

여성은 나이를 먹어감에 따라 자신이 이전엔 미처 몰랐던 부분이 무엇인지를 깨닫게 된다. 좀 더 나이를 먹으면 '내가 아는 게 별로 없었구나' 하고 새삼 느끼기도 한다. 하지만 실제로는 그만큼 더 현명해진 것이다. "모르겠는데요"라고 말할 수 있는 자신감도 생기고 말이다.

중년 이상의 여성들은 대개 규모가 큰 직장에서 일하는 걸 꺼려한다. 그 대신 작은 규모의 직장으로 하나둘씩 모여든다. 자신의 사업을 시작하기도 하고, 외국으로 나가 이런저런 모험도 즐기고, 동시에 여러 직업에 도전도 해본다. 자신이 정말 어떤 일에 적성이 있는지 요리조리 시험해보는 것이다. 급여가 얼마인지는 그다지 신경 쓰지 않는다.

요즘의 나이든 직장 여성들은 젊은 여성만큼이나 속속들이 아는 정보가 많다. 게다가 지혜롭다. 때문에 젊은 여성에게는 나이든 직장 여성이 가장 큰 동지가 될 수 있다. 연배가 있는 만큼 어떤 일에 겁을 먹는 일이 적고, 자신의 풍부한 경험을 젊은 여성에게 전수해줄 수도 있기 때문이다.

또 나이든 여성은 최신유행과 일시적인 현상을 구분할 수 있는 혜안도 갖고 있다. 반면에 젊은 여성은 그들에게 기술적인 부분을 가르쳐줄 수 있다.

신세대 여성은 잘 알려지지 않은 분야에서 선구자의 역할을 해내기도 한다. 활발히 자원봉사를 하고, 국가나 지역사회의 프로젝트를 이끈다. 또 사업을 하거나 친구들과 뭉쳐서 업무 아이디어를 짜낸다. 창의적인 일을 하는 또래 친구에게는 무급으로 일해주기도 한다. 예를 들어 친구가 영화 제작자, 뮤지션, 미디어 전문가라면 프로젝트가 재미있고 가치 있다고 느끼면 무급으로 시간을 내주는 셈이다.

이와 같이 젊은 여성들은 서로를 돕고 맞춰나가는 데 있어 무리지어 행동하는 경향이 있다. 친구끼리 팀을 짜서 시간이 날 때마다, 혹은 파트타임으로 함께 일하는 것이다.

학생일 때뿐만 아니라 졸업 후에도 마찬가지다. 만약 그중 한 명이 콜센터나 영업직, 혹은 마케팅 자리에 취직을 하면 친구를 데려오기도 한다. 회사를 그만둘 때도 마찬가지로 어느 한 명이 그만두겠다고 결심하면 나머지가 따르는 식이다. 혹시 일하는 중간에 나쁜 여성 상사와 부딪치기라도 하면 미련 없이 친구와 함께 떠나는 것이다.

이처럼 신세대 여성은 마치 유목민처럼 저마다 떼를 지어 모여 흥미있는 프로젝트를 시작하는 경향이 있다. 마음이 맞는 사람이나 친구들과 뭉쳐서 일을 하는 데 매력을 느끼는 것이다. 그들은 자신에게 맞는 형태의 업무를 스스로 창조한다. 자신에 대한 자신감이 무엇보다 중요함도 잘 알고 있다. 자신을 속이지 않고 있는 그대로 드러내겠다는 자신감이 그 어느 세대보다 투철하다. 자신의 모습에 만족하는 신세대 여성들. 그들은 혼란스럽고 끝이 보이지 않는 불확실한 상황에서도 자신의 커리어를 꿋꿋이 이끌어나간다.

이들은 또 세상 돌아가는 이치에 굉장히 민감하다. 웬만해서는 어떤 일에도 쉽게 타협하려하지 않으며 다분히 자존적이다. 대기업이 약속하는 밝은 미래에 대해서도 회의적이다. 이전 세대가 '합리적인 의사결정'에 주목했다면, 이들은 어떤 '우연적인 환경 요소나 접근성'에 의해서 업무가 진행되길 바란다. 직관에 의존하는 성향이 강한 것이다.

필자의 바람은 우리 모두 자신뿐만 아니라 직장 동료, 상사, 후배도 잘 살필 수 있는 삶을 살았으면 하는 것이다. 스트레스가 끝도 없이 쌓이는 팍팍한 직장 환경에서 개인의 차이를 존중하는 다채로운 환경으로 변한다면 정말 멋지지 않을까? 그렇게 된다면 사람들은 서로를 위하고 격려하는 새로운 직장 생활의 모델을 만들어낼 수 있을 것이다.

2장

직장에서 살아남는 방법

이젠 나 자신에게 충실해야 할 때!

직장 생활을 하다 보면 복잡한 업무와 대인 관계에 대처하느라 정작 나 자신에게 신경을 쓰기는 어렵다. 그래서 '올해만 넘기면', '중요한 이번 프로젝트만 끝나면', '구조조정만 지나가면' 하며 자신을 돌보는 일을 점점 미루는 당신. 하지만 정작 몸이 아파도 병원 갈 시간도, 휴가를 즐길 여유도, 자신이 느끼는 감정에 대해 짚어볼 시간도 전혀 없다. 자신감은 점점 사라지고, 인제 와서 다른 직장을 얻을 수 있을 것 같지도 않다. 그렇다고 공부를 다시 시작할 엄두도 안 난다. 모든 걸 다 놓아버려서 다시는 아무 일도 못하게 된다면?

그래서 당신은 입을 굳게 다문다. 그리고는 그냥 프로 정신이 넘치는 모범 직장인이 되기로 한다. 실제로 열정과 에너지가 부족한데도 '투철한 의지'라는 체념의 가면을 쓴다. 어떻게 해서든 하루하루를 버티려는 것이다.

많은 직장 여성들이 휴가나 병가도 내기가 겁난다고 한다. 잠깐 자리를 비운 사이에 무슨 사태가 벌어질까 봐 두렵기 때문이다. 그래서 아무에게도 나쁜 그녀가 당신을 휘두르고 있다는 내색을 하고 싶지 않다.

물론 당신의 지인들은 가면 속에 숨겨진 당신의 참모습을 안다. 주변 사람들이 당신에게 "걔는 왜 그렇게 널 못 잡아먹어서 안달 난 거야?"라거나 "제발 휴일에는 그 사람 이야기 안 하면 안 돼?"라면서 그녀의 악랄함에 대해 읊는 게 지겹다고 불평하지는 않는가?

당신의 몸이 하는 말에 먼저 귀 기울이자. 이제 지쳤다고, 그만하자고 몸이 신호를 보내고 있지는 않은가. 그렇다면 어떻게든 당신의 몸을 돌봐야 한다. 직장에서 시달리면서도 모든 것을 체념하고 로봇처럼 일하면 몸이 아픈 게 당연하다. 강인하게 버틴다고 다른 사람이 책임져주지는 않는다.

당신의 삶은 지금부터다. 항상 희망은 있다. 당신이 주도권을 쥐고 할 수 있는 일은 많다. 손쉬운 건강 관리부터 시작하라. 또 '직장을 그만둘 것인가, 계속 다닐 것인가' 등에 관해 주변의 충고를 구하라.

또 한 가지 명심해야 할 점이 있다. 스트레스를 받는 상황에서는 미래를 위한 현명한 선택을 내리기가 어렵다는 것이다. 따라서 이번 장에서는 '스트레스 관리법'에 대해서 먼저 알아보기로 하겠다. 그런 다음 '직장을 떠날 것인가, 계속 다닐 것인가'에 대한 문제를 다루겠다. 신체적, 정신적 여유가 조금 생기면 당신 앞에 놓인 선택 사항을 찬찬히 살펴보고 결정할 수도 있게 될 것이다.

01

직장 스트레스 관리법

앞에서 언급한 8가지 유형의 그녀를 직장에서 마주쳤다면, 당신이 해야 할 첫 번째 단계는 당신이 정말 스트레스를 받고 있는지, 어떤 부분에서 스트레스를 받는지 살펴보는 것이다. 그다음으로 스트레스 수위가 어느 정도인지 파악해야 한다. 직장을 그만둘 것인가 하는 문제는 이와 밀접한 관련이 있기 때문이다.

그녀가 당신의 경력과 건강에 막대한 영향을 끼쳤다면 회사를 이직하거나 그만두는 것을 심각하게 고려해야 한다. 지금 그 직장이 당신에게 안 맞으니 기회가 있을 때 떠나라는 것이다. 하지만 많은 직장 여성들이 막상 이러한 문제로 직장을 그만둬야 하면 분노를 느낀다.

"아니, 내가 문제를 일으킨 것도 아닌데, 왜 내가 나가야 하는 거지? 내가 여기 들어오려고 얼마나 열심히 공부했는데! 저 여자만 아니면 정말 괜찮은 직장인데 말이야."

하지만 이것만큼은 알아두자. 그녀는 상부에서 레이더를 풀가동해도 아랑곳하지 않고 활개치고 다닐 것이다. 자신의 행동이 다른 직원의 행·불행과는 아무 관련이 없다고 믿기 때문이다.

그래도 그녀를 극복하고 직장에서 살아남고 싶은가? 그렇다면 자신을 믿어야 한다. 자존적으로 행동하는 것이다. 자신을 위기에서 구해내야 하는 이는 바로 당신이니까.

이 책에 실린 여러 가지 충고와 정보가 당신의 상황을 이해하고 대처하는 데 도움이 되리라 믿는다. 앞으로 소개할 전략은 당신 스스로 반응법을 바꾸고 감정의 변화를 시도함으로써 그녀에게 대처하는 방법이다.

내 잘못일까? 아니면 그녀 탓?

남을 음해하고 조종하기 좋아하는 그녀와 일하는 당신은 항상 숨이 턱턱 막히고 가슴이 답답하다. 그렇지 않아도 여러 가지 문제로 힘에 부치는 직장 생활인데 그녀는 예상치도 못한 부분에서 스트레스를 준다. 거의 탈진할 지경이다.

이럴 경우 당신을 위한 최상의 선택을 내리기 전에 근무 환경을 구석구석 다시 한 번 점검할 필요가 있다. 당신의 집안 상황은 어떻게 돌아가고 있는지도 살펴보자. 당신이 변화시킬 수 있는 부분은 있는가? 어떤 문제에 대해 더 나은 대처 방안이 있는지도 궁리해야 한다. 당신이 힘든 이유가 모두 그녀의 잘못만은 아닐 수도 있기 때문이다.

그녀는 당신에게 어떤 영향을 미칠까?

직장에서 그녀와 일하면서 삶의 질이 완전히 달라졌다고 느끼는가? 다음 항목 중 몇 개나 해당하는지 자가 진단해보라. 해당되는 사항이 많을수록 문제는 심각하다. 더 악화되기 전에 대비책을 세워야 한다.

1. '내가 실패했다고 절대 인정 못 해! 그러니 직장을 계속 다닐 수밖에'라고 생각한다. 그녀가 승자가 되도록 놔둘 수는 없으니까.
2. 당신이 그녀보다 낫다는 것을 증명해야 한다는 압박감을 느낀다.
3. 최근 들어 다른 사람에게 '많이 변한 것 같다'는 말을 자주 듣는다. 스트레스가 쌓인 것처럼 보이고, 같이 있으면 재미없다고 한다.
4. 친구를 만나거나 취미생활을 할 시간이 없다. 그리고 어차피 친구들도 당신을 슬슬 피한다. 당신에게서 그녀 이야기를 듣는 게 지겹기 때문이다.

5. 그녀가 당신의 삶을 지배하고 있다. 그녀 때문에 더 이상 무언가를 생각하기가 어렵다. 일에 너무 매여 있기 때문에 다른 것을 즐길 여유도 없다.

6. '난 그녀에게 아무런 영향도 받지 않아!'라며 현실을 계속 부인한다. 특별한 이유 없이 냉소적이고 공격적이다. 하지만 결코 그녀 때문은 아니라고 자위한다.

7. 매사에 움츠러드는 경향이 생겼다. 대외 활동이나 가족모임에 나갈 시간도, 기운도 없다. 그녀에게 시달리느라 진이 빠져서 집에 돌아오면 일단 아무 말도 하고 싶지 않다. 긴장을 풀기 위해 술이나 다른 어떤 것에 의존하게 된다.

8. 마치 로봇이 된 기분이다. 삶 자체가 기계적인 움직임의 연속이다.

9. 내면이 공허함을 느낀다. 꿈과 희망은 산산조각이 난 것 같다.

10. '나 정말 우울증 걸린 거 아니야?' 하는 생각이 든다. 하루하루 버티기가 힘겹다. 이런 상태가 몇 주씩이나 계속되어 피곤하고 비참해진다.

11. 가끔 교통사고라도 나서 한 일 년 정도 병원으로 탈출한다면 어떨까 하는 상상을 한다.

만약 위 항목 중 1번부터 6번까지 어느 하나라도 해당된다면 징조가 좋지 않다. 7번부터 11번 중에 하나라도 해당되면 심각한 수준이다. 발

빠른 대처가 필요하다.

이런 문제에 대해 누군가에게 털어놓을 것을 권한다. 심리학자나 정신과 의사, 혹은 주변에 믿을 수 있는 지인과 이야기를 나누어봐야 한다. 어떤 직업도 당신의 신체적, 정신적 건강을 포기할 만큼 중요하지는 않다는 사실을 명심하라.

스트레스가 내 몸을 망친다

근무 환경에서 받는 스트레스의 주된 요인은 무엇일까? 긴 근무시간, 많은 업무량, 직장 내부의 변화, 짧은 마감일, 과도한 책임, 불확실한 직업 안정성, 자율성의 부족, 지루한 업무, 능력 부족, 외부로부터의 지나친 간섭, 부적절한 근무 환경, 자원 및 장비의 부족, 희박한 승진 기회, 직장 내 괴롭힘과 차별, 동료나 상사와의 갈등 등 수없이 많다.

이런 다양한 직장에서의 문제들이 스트레스를 유발하고 상황을 악화시킨다. 그중 가장 보편적인 문제가 과다한 업무와 직장에서의 대인관계 갈등이다. 당신의 스트레스 수치는 당신을 괴롭히는 그녀의 영향을 받는다. 또 당신이 현재 직장 생활을 얼마나 힘들게 여기느냐에 달려 있기도 하다.

스트레스가 오랫동안 지속되면 '탈진burnout' 상태에 이를 수도 있다.

무슨 수를 써서라도 이런 상황에서 벗어나야 한다. 스트레스 수치가 높고 오래 지속될수록 그만큼 회복하기가 어렵다. 따라서 정말 회사를 그만둘 것인지를 결정하기에 앞서 당신의 스트레스 수치를 가늠할 필요가 있다.

지금부터 당신이 느낄법한 스트레스 징후와 그 후유증인 탈진 상태에 대해 알아보자. 혹시 아침에 일어나자마자 아랫배가 움찔하고, 손이 떨리고, 가슴이 쿵쾅대지는 않는가? 아니면 당신을 깔보는 듯한 그녀의 말이 머리에서 맴돌지는 않는가? 이런 증상이 명확한데도 당신이 이를 극구 부인하려는 것인지도 곰곰이 생각해보자.

지금 나는 스트레스를 얼마큼 받고 있을까?

다음은 직장 여성들이 밝힌 스트레스 징후다. 당신에게 해당하는 사항이 없는지 잘 살펴보라.

- 가끔 할 말이 잘 생각나지 않는다.
- 잠이 잘 안 온다. 악몽에 가까운 기분 나쁜 꿈을 꾼다.
- 집중하기 어렵다. 방금 읽은 것도 기억이 안 날 정도다.
- 머리가 마치 압박붕대에 둘둘 말려 쥐어 짜이는 기분이다.

- 그러면 안 되는 줄 알면서도 짜증을 낸다. 갑자기 울음이 터지거나 분노가 폭발하기도 한다.
- 뭔가 억울한 심정이다. 직장에서는 도무지 내 노력을 몰라주고, 내 참신한 아이디어를 훔쳐가기까지 한다. 내 존재 자체를 인정하지 않는 것 같다.
- 내 상사는 무엇인가 조금만 달라져도 벌벌 떤다. 변화를 두려워하기 때문이다. 따라서 너무나도 비협조적인 그녀를 붙잡아 사정없이 흔들고 싶은 심정이다.
- 모든 게 의심스럽다. 항상 독이든 술잔을 건네받는 기분이다.
- 자신감을 점점 잃어간다.
- 공황장애 비슷한 기분을 느낄 때도 있다.
- '예전에는 뭐든지 척척했는데……' 하는 생각에 젖곤 한다. 헌데 지금은 모든 것이 미적미적한 기분이다.
- '마음이 맞는 사람과 일한다면 얼마나 좋을까' 항상 이런 생각을 한다. 일하는 게 참 외롭다.
- 집중은 안 되는데, 할 일은 왜 이리 산더미처럼 쌓였는지!
- 맡은 업무에 다시 열정을 느낄 수 있으면 좋겠다.

탈진을 조심하라!

탈진은 1972년에 미국의 심리분석학자인 허버트 프로이덴버거Herbert Freudenberger에 의해 처음 정의되었다. '장기간 누적된 피로와 그로 인한 전반적인 관심의 감소'에서 기인된 심리적 상태를 일컫는다. 즉, 균형이 파괴된 상황이라고 볼 수 있다.

탈진의 대표적인 증상으로는 성취감을 쉽게 느끼는 못하거나 감정의 고갈상태와 그리고 이인증Depersonalization(자신을 낯설게 느끼거나, 자신으로부터의 소외를 느끼는 경험)을 들 수 있다. 일단 탈진 상태가 되면 벗어나는 데 몇 달 혹은 몇 년이 걸릴지 모른다.

탈진은 너무 긴 노동 시간에 비해 휴식이나 활력을 되찾을 여유를 좀처럼 갖지 못했을 때 발생한다. 또 고객이나 동료, 상사와의 끊임없는 마찰에서 비롯되기도 한다. 상부로부터 늘 감시를 받고 꼬치꼬치 참견당하는 것도 하나의 원인이다.

탈진 상태에서는 매사에 무관심해지기 쉽다. 업무뿐만 아니라 자신의 건강에 대한 관심도 잃는다. '근심걱정으로 초췌하다'는 표현이 이런 때 딱 들어맞는다.

스트레스 상황에 처했을 때 우리의 반응은 모두 다르다. 당신은 상사와 동료보다 스트레스에 더 잘 맞설지도 모른다. 그렇다고 해서 당신에게 스트레스가 없는 것은 아니다. 꼭 엄청난 문제가 나타나야만 스트레스를 받는 건 아니기 때문이다.

탈진을 예방하는 가장 좋은 방법은 직원들에게 이에 대해 교육하여 변화를 도모하는 것이다. 하지만 직장이나 당신의 상사가 이런 문제에 대해 눈 하나 깜짝하지 않고, 오히려 이를 당신의 개인적인 문제로 치부해버린다면? 만약 아무 조치도 취하지 않겠다는 식이면 정말 다른 선택으로 눈을 돌려야 할지도 모른다. 새 직장을 찾거나 다른 부서로 옮기는 것이다.

"네"라고 답하는 습관을 어떻게 버릴 것인가

그녀는 꼭 바쁜 사람을 붙잡아 일을 시킨다. 그럴 때 꼭 "네"라고 의무적으로 대답할 필요는 없다. 당신이 무슨 부탁이든 다 들어준다고 여기면 다음부터는 이를 거절하기가 어렵기 때문이다.

물론 다른 사람의 부탁을 거절하는 건 그리 쉬운 일이 아니다. 만약 그녀가 떼라도 쓰며 사정을 한다면, 당신은 꼼짝없이 그녀의 부탁을 들어줄 것이다.

이제 그녀의 부탁에 무조건 "네"라고 답하는 습관을 그만둘 방법을 궁리해보자. 어떻게 하면 일감을 적정수준으로 유지해서 업무 스트레스를 줄일 수 있을까?

1) 시간을 벌어라

그녀가 전화해서 업무를 부탁하면 지금은 다른 사람과 같이 있거나 다른 통화를 기다리는 중이라고 말하라. 그러니 10분 후에 다시 이야기하자고.

상사가 사무실로 들어와 다른 일을 하라고 닦달해도 마찬가지다. 지금은 다른 업무 중이니 10분 있다가 뵈러 가겠다고 말해라. 그래야 상사가 하는 말에 제대로 집중할 수 있을 것 같다고 말하는 거다.

일단 이렇게 시간을 벌어놓고 그 부탁에 대해 생각해보자. 그 부탁을 들어줌으로써 현재 맡은 업무에 차질이 생기는 건 아닐까? 갑작스럽게 그 부탁을 들어주느라 우왕좌왕할 필요는 없다.

2) "제 방침이 아니라서요"라고 말하라

직장에서 뭔가 석연치 않은 일에 연루될 것 같으면 침착하고 자신 있게 말하라.

"제 방침이 그런 일을 하지 않는 거라서요."

그러면 당신을 더 이상 곤란하게 하지 않을 것이다. 그래도 고집을 피우면 이렇게 말하면 된다.

"이러시면 좀 곤란해요. 그런 질문은 자제해주셨으면 해요."

3) 당신에게 "아니요"라고 말하는 법을 가르쳐줄 코치를 찾아라

다른 사람의 부탁에 "싫습니다"라고 딱 잘라 말하는 동료들이 주변에 있는가? 그들이 주로 언제, 어떻게 거절하는지 유심히 살펴라. 그들에게 충고를 듣고, 많은 일감이 주어졌을 때 "싫어요"라고 말할 수 있도록 같이 연습해본다.

4) 현실을 직시하라

상사가 너무 비현실적인 마감일을 정해주면 당신이 지금 현재 맡은 업무가 무엇인지, 시간은 얼마나 필요한지 똑 부러지게 말해라. 필요 이상으로 사과하거나 감정적으로 굴어서는 안 된다. 당신이 직면한 현실에 비추어 왜 마감일을 제때 지킬 수 없는지 설명해야 한다. 업무를 맡았으면 주어진 시간 내 중간 성과가 어떻게 진행되고 있는지 귀띔해주는 것도 좋다.

5) '앞으로 생길 수 있는 최악의 상황이 뭘까?' 생각해보라

다른 직원의 부탁을 거절했을 때 일어날 결과에 대해 미리 겁먹을 필요는 없다. 일어날 수 있는 상황에 대해 준비만 하면 된다. 부탁을 거절했을 때 생길 수 있는 가장 나쁜 일은 무엇일까? 상사가 당신을 마구 다그치는 것? 아니면 동료가 회장님에게 달려가서 고자질이라도 할까?

앞으로 일어날 수 있는 상황에 따라 미리 준비하자. 당신이 사실에만 집중하고 모든 걸 감정적이나 개인적으로 받아들이지만 않으면 상황이 극단으로 치닫지 않을 것이다. 최악의 상황에 대비해서 여러 상황을 꼼꼼하게 점검할 필요는 있다. 그리고 항상 자신감을 가져라.

직장 스트레스를 예방하는 12가지 전략

1) 대처법 계획하기

당신이 스트레스를 받는 원인이 무엇인가? 우선 그 원인에 초점을 맞춰야 한다. 스트레스에 대처하기 위해 당신이 할 수 있는 일은 무엇일까? 지금 당장 이를 해결하진 못하더라도, 문제를 해결할 계획을 짜보는 것만으로도 어느 정도 안심이 될 것이다.

2) 의사에게 정기적으로 진료받기

당신의 전반적인 건강 상태를 알고 있는 담당 의사를 알아두는 것이 현명하다. 아무 병원에나 갑작스럽게 들이닥치면 의사는 당신이 누군지 알 턱이 없다. 사전 정보가 전혀 없기 때문에 당신에게 무엇이 필요한지 모른다. 따라서 그저 일 년에 한 번 정기검진을 받거나 독감 예방

주사를 맞더라도 같은 의사에게 진료받아라. 당신의 평소 건강 상태를 잘 아는 사람이어야 더 잘 보살필 수 있다.

3) 심리학자, 상담사, 멘토, 지도자 찾아가기

많은 여성들이 정신건강 유지를 위해 상담사를 비롯한 전문가의 지속적인 도움을 받는다. 그저 일 년에 서너 번 찾아가서 업무에 대한 이야기를 나누는 것뿐이더라도 분명 도움이 된다. 전문가는 당신의 일상 패턴을 제대로 파악할 확률이 높다. 어쩌면 당신도 모르고 있던 문제 사항을 끄집어낼지도 모른다.

4) 자신만의 스트레스 중재법 찾기

특정 문제와 관련해 훈련법을 배우는 것은 신체적, 정신적 스트레스 감소에 도움이 된다. 예를 들어 분쟁 조정법, 의사 주장 능력, 시간 관리법, 업무 분배법, 의사결정, 인터뷰하는 방법 등을 배우는 것이다. 마음에 담아둔 걱정을 일기에 적어 놓으면 머릿속을 비워내기가 한결 쉽다. 또한 여태껏 직장에서 이룬 성과도 일기에 적어두면 훗날 이력서를 업데이트하는 데 유용하게 쓰일 수 있다. 그러면 다른 직업을 찾을 때도 도움이 될 것이다. 만일의 경우를 대비하여 다른 직원의 부당한 처사 내용도 적어두면 유리한 증거자료가 될 수 있다.

5) 동료들과 모임을 자주 갖기

많은 직장에서 달마다 정기적으로 회식을 가진다. 그 자리에서 직원들과 각자 맡은 역할에 대해 이야기하고, 어떻게 해야 서로 가장 잘 도울 수 있는지 의논하라.

아침마다 차를 마시며 이런저런 정보를 교환하는 것도 좋다. 요가, 필라테스, 골프, 농구 등의 취미를 같이 즐기는 것도 도움이 된다. 또 합창단이나 외국어 강좌에 같이 참여하는 것도 좋은 방법이다. 그러면서 자연스럽게 앞으로의 회의나 연간 워크숍에 대한 계획도 짤 수 있을 것이다. 이렇듯 동료들과 자주 모임을 가지면 스트레스와 탈진을 줄일 수 있다.

6) 타협할 수 있는 유연성을 가져라

업무를 계획, 수행하는 과정에서 개인이 어느 정도의 주도권을 가질 때 가장 좋은 성과가 나온다. 예를 들어 일정 기간 동안 재택근무를 한다든가, 일정 시간을 넘겨 근무하지 않을 권리를 갖는 것이다. 또 여유 있게 근무 교대를 하거나 직업 훈련을 받는 등 경력에 도움이 되는 혜택도 누려야 한다. 그래야 더 균형 잡힌 직장 생활을 할 수 있다.

이렇게 직장에서 타협하는 법을 배워라. 기회가 생길 때마다 상사에게 질문하고, 현재 당신의 업무량에 대해서 의논하라. 이런 문제에 대해 직장 사람들과 대화를 시도함으로써 '배우는 직장 문화'를 창조해나가게 되는 것이다.

7) 현실적인 마감일 세우기

업무 철칙이 이전에는 '상황이 어려울 때 더 일하기'였다면, 이제는 '상황이 어려우면 덜 일하기'로 바꿀 필요가 있다. 지난 몇 년간 직장문화는 전자를 고수해왔다. 그래서 과도한 업무 스트레스가 유발된 것이다. 자신에게 스스로 압박을 넣는 일은 그만두어야 한다. 마감일이 외부업체에서 주어진다면 동료들과 함께 상의하라. 각자의 업무량에 대해 토론하고, 그것에 맞게 스케줄을 짜야 한다. 긴급한 상황이 닥치면 일감을 재분배하거나 업무의 우선순위를 재정립하라.

8) 정기적으로 운동하기

정기적인 운동은 온몸에 엔도르핀을 돌게 하여 스트레스와 불안이 감소된다. 집중력도 개선되고 사기도 한층 높아질 것이다. 점심시간에 같이 걷기 운동할 팀을 짠다거나 머리를 식히기 위해 산책하는 건 어떨까? 또 회사 밖에서 정기적으로 운동하면 적정 시간에 퇴근하는 좋은 계기가 될 수도 있다.

9) 휴식시간에 영양가 있는 간식 먹기

설탕이 잔뜩 든 커피와 음료수, 초콜릿과 달달한 비스킷 등은 체내 에너지를 단시간에 끌어올릴 수 있는 것들이다. 하지만 이런 군것질은 결과적으로 더 짜증 나고 더 빨리 지치게 한다.

최소한 5시간 이상 무언가를 먹지 않으면 혈당량 수치가 낮아지고 머리가 어질어질해질 것이다. 이럴 때는 단 음식보다 아몬드나 과일 등을 손이 가기 쉬운 곳에 두고 먹는 게 좋다. 커피 섭취를 줄이고 허브티나 물을 마셔라. 특히 물의 20%에 사과 주스를 섞으면 체내 에너지를 상승시키는 데 효과적이다. 저혈당증Hypoglycemia이 있다면 더더욱 무리하지 말아야 한다. 긴 회의에 들어가기 전에 아몬드나 호두 다섯 알 등을 먹어두면 도움이 될 것이다.

10) 명상하기

명상은 스트레스를 해소시킨다. 연구 결과에 따르면 뇌의 노화도 예방하는 효과가 있다. 명상은 언제 어디서나 할 수 있는 손쉬운 스트레스 해소법이다. 하루에 15~40분 정도 명상을 해라. 스트레스의 악영향에 예방접종을 해두는 셈이 된다.

11) 제대로 숨쉬기

사람들은 대부분 숨을 가쁘게 몰아쉬는 경향이 있다. 하루에 10분 정도 여유를 가지고 깊은 심호흡을 하면 불안을 가라앉히는 데 효과가 있다. 회의 전에 숨을 깊게 서너 번 들이마시는 것을 추천한다. 좀 더 침착해지고 머리가 맑아질 것이다. 할 말도 더 잘 생각나게 된다.

12) 업무의 경계선을 명확히 해두어라

요즘에는 가정생활과 회사 업무의 경계선이 점점 모호해지고 있다. 더욱이 스마트폰, 이메일 등 여러 가지 기술의 발전으로 하루 24시간 내내 업무 처리가 가능해졌다. 하지만 일에 대한 경계선을 확실히 그어두는 게 좋다. 아무 때나 메시지나 이메일을 보내는 다소 무례한 직원에게 재빠른 답변을 해주기 시작하면 다음에는 이를 무시하기 어렵다는 것을 기억해라.

물론 당신이 근무시간 외에도 업무를 처리해야 하는 직업이라면 상황이 다를 수 있다. 당신이 “이러저러한 일이 발생하면 언제라도 괜찮으니 꼭 연락을 주세요”라고 말했을지도 모르니까. 그래도 어느 정도의 경계선은 필요하다. 예를 들어 저녁 9시 이후나 주말, 혹은 당신이 합리적이라 생각하는 기준선까지 이메일이나 전화를 받지 않겠다고 다짐하는 거다.

즐겁게 직장 생활을 할 수 있는 7가지 열쇠

1) 집중하기

일을 잘하려면 집중해야 한다. 집중을 제대로 하려면 이메일이나 전화, 휴대폰 및 기타 방해 요소를 어느 정도는 스스로 제한해야 한다. 휴대폰 같은 현대 기술은 새로운 통신문화의 장을 열었지만 집중과 명쾌한 사고를 방해한다는 부작용도 낳았다. 그만큼 신경 써야 할 것이 많아진 것이다.

많은 직장 여성들이 이메일을 시간마다 확인하기보다는 하루에 몇 번 정도만 확인하는 게 좋다고 한다. 당신의 행방을 직원들에게 알릴 수단이 있는 한, 당신이 어디에 있든 항상 대기 상태가 아니어도 된다. 예를 들어 '○○지역에서 열리는 회의에 오후 3시까지 있을 예정. 그 후에 메시지를 확인할 수 있음. 긴급 용무는 이러저러한 곳으로 연락 바람'이라는 메모를 남기는 건 어떨까?

2) 즐거움 되찾기

삶을 풍요롭게 할 수 있는 것을 찾아라. 매주 기대되는 일이 있어야 할 게 아닌가. 정기적으로 즐거운 활동을 계획하는 거다. 예를 들어 소풍도 좋다. 소풍은 꼭 돈을 많이 들여야 하는 건 아니다. 당신이 사는 도시에 있는 공원이라든가, 운동할 수 있는 산책길 주변에서 한적한 시간을 갖는 걸로 충분하다. 아니면 지역사회의 합창단이나 원예모임에 들어가는 건 어떨까? 일주일 중 업무가 가장 지루한 날, 이런 활동을 계획하라. 온종일 즐거운 생각을 하며 하루를 버틸 수 있게 말이다.

3) 긴장 풀기

일과 중에 일정 시간을 내어 편안히 앉아 온몸을 이완시켜 보라. 숨을 깊게 내쉬면서 몸과 마음을 추스를 시간을 가져야 한다. 요가나 명상, 호신술, 그림 그리기, 일기 쓰기, 외국어 배우기, 독서 등을 하는 것도 유익하다. 스트레스를 해소시킬 이런 활동을 일상의 한 부분으로 만들어라. 놀라운 효과를 볼 수 있을 것이다.

4) 충분히 잠자기

충분한 수면 시간은 꼭 필요하다. 하지만 많은 직장인들이 충분한 수면을 취하지 못하고 있다. 머릿속의 복잡한 문제를 해결하려면 수면으로 뇌를 쉬게 해주어야 한다. 밤에 푹 자야 다음 날 몸이 제대로 기능한다. 혹시 자리에 누우면 낮에 생긴 언짢은 일이나 대화가 떠올라서 잠들기 어려운가? 그럴 땐 라벤더 오일 등을 활용해 아로마 테라피를 해보라. 마음이 차분히 가라앉는 효과가 있다. 또 정기적으로 마사지를 받으면 잠이 오는 데 도움이 된다. 지금 큰 스트레스를 받고 있는가? 그렇다면 적어도 8~9시간을 자려고 노력해라. 평소보다 2시간 정도 더 자면 몸과 마음이 회복되는 효과가 있다. 각종 질병 예방에도 도움이 된다.

5) 삶에서 '최'우선 순위를 위한 시간 내기

당신만을 위한 시간을 내어 당신의 정체성을 되찾도록 노력하라. 가족, 친구들과 즐거운 시간을 보내고 개인적인 관심사에 시간을 쓰는 건 업무 성과와 다른 만족감을 준다.

다양한 활동에 활발히 참여해라. 박물관이나 갤러리, 영화관, 극장, 콘서트, 스포츠 경기장 등을 다니는 거다. 운동도 하고 즐겁게 노는 시간을 가져라. 당신을 특히 행복하게 하는 활동은 무엇인가? 그 활동을 위해 시간을 내고, 그 시간만큼은 무슨 일이 있어도 준수하라. 신체를 움직이면 창의적인 문제 해결 능력도 향상되기 마련이다.

6) 하던 일을 멈추거나 최소한 속도 늦추기

당신이 평소 업무에 얼마나 많은 시간을 투자했는지 생각해보자. 너무 각박하게 살아왔다면 이제부터는 시간 여유를 갖는 게 어떨까? 일에 대해 곰곰이 생각하고 재정비할 여유가 필요하다. 가능하다면 휴가를 내거나 병가를 사용하는 것도 좋은 방법이다. 현실적으로 가능한 선에서 당신을 스트레스 상황으로부터 구출하라. 만약 앞에서 다룬 자가진단에서 당신의 스트레스 및 탈진 수치가 주의해야 할 수준이었다면 이는 더욱 중요한 문제다.

7) 가볍게 생각하기

재미있는 책이나 영화를 보아라. 웃는 것은 마음을 치유하는 효과가 있다. 당신이 현재 근무하는 직장의 골치 아픈 그녀를 비슷하게 묘사하는 책이나 영화가 있는지 찾아보라. 그녀를 영화나 책에 등장하는 주인공에 대입해서 생각하는 거다. 업무에는 진지한 태도로 임하되 당신 자신에게 너무 가혹한 잣대를 들이댈 필요는 없다.

02

그만둘까? 계속 다닐까? 그것이 문제로다!

직장에서 만난 그녀 때문에 직장을 그만둘 생각을 하는가? 그럼 먼저 당신이 처한 상황을 잘 생각해봐야 한다. "정말 더 이상은 못 참겠어!"라며 순간의 감정으로 결정하는 것은 금물이다. 삶에서 당신에게 중요한 것이 무엇인지 곰곰이 생각해보는 것이 먼저다.

정말 직장을 그만두고 싶은가?

직장을 그만두는 게 최선의 선택임을 어떻게 판단할 수 있을까? 그러기 위해서는 자신에게 "직장을 그만두고 싶은가?"라는 질문부터 던져야 한다. 곰곰이 생각한 후에 만약 답이 "그렇다"라면 다음과 같은 사항을 고려해야 한다.

- 당신의 스트레스 수치가 높은가?
- 직장을 계속 다니는 것이 자신에게 위험하다고 생각되는가?
- 그녀와의 상황이 개선의 여지 없이 심각한 수준이라고 여기는가?

만약 모두 "그렇다"라고 대답했다면 다음과 같은 전략에 대해 생각해보자. 그러고 나서 이직을 생각해도 늦지 않는다.

두려움에 맞서라

생전 해보지 않았던 일에 도전해보자. 격렬한 운동을 하거나 이국적인 나라를 방문하는 것 등이다. 스포츠카를 몰거나 암벽등반을 하는 것도 좋다. 그녀와 일하느라 긴장으로 온몸이 굳어 있다면 이제는 모험정신을 발휘할 때이다. 평소 업무를 하며 실수하지 않을까 두려워 사고가 경직되었다면 이를 벗어날 기회를 마련해야 한다. 자발성을 되찾아라. 평소 '이 직장 아니면 다시는 직장을 못 잡겠지'라고 두려워하진 않았는지? 그래서 그렇게 다른 직원의 요청을 거절도 못 하고 적절한 경계선을 긋지 못했던 것인지도 모른다.

생각할 시간을 가져라

어디론가 훌쩍 떠나 혼자 생각할 시간을 가져라. 때때로 나쁜 그녀뿐만 아니라 가족, 친구들에게 둘러싸여 있는 것에도 질릴 수 있다. 긴 주말 동안 어디론가 떠나보라. 그리고 당신의 가슴 가장 깊숙한 곳에 자리 잡은 열망과 요구에 귀를 기울이자.

새롭게 단장을 하고, 자기 자신을 되찾아라

현재의 직장을 떠날 생각이라면 헤어스타일을 바꾸는 등 자신을 새롭게 꾸며보자. 자신감을 업그레이드하는 거다. 그러면 새로운 직장을 구하는 짧은 시간 속에서 여유를 가지고 앞으로 있을 면접에도 대비할 수 있을 것이다.

사실을 있는 그대로 바라보라

한동안 보지 못했던 친구를 만나 그동안 서로 살아온 이야기를 나누는 것도 좋은 방법이다. 일에 지나치게 사로잡혀 있다 보면 당신이 처한 상황이 그리 나쁘지 않다는 걸 모르기 쉽다. 옛 친구와 대화하다 보면 직장이 죽고 사는 문제가 아님을 깨닫게 될지도 모른다. 혹은 불행한 직장 생활에 매여 있기에는 당신의 삶이 너무 짧다는 사실을 바라보게 될 수도 있다.

자기 자신에게 최후통첩을 내려라

재정 관리사를 만나서 당신의 재정 상태를 점검해라. 그리고 당신을 위한 여러 가지 계획을 마련한다. 예를 들어 다른 직장으로 옮길 준비를 하거나, 공부를 위해 강좌에 등록하거나, 저축을 위해 부모님과 잠시 같이 산다거나 하는 등의 계획이다. 그러고 나서 '직장에서 무엇을 참을 수 있고, 무엇을 절대 참을 수 없는가'에 대해 자신에게 최후통첩을 내려라.

이직을 결심한 당신이 지금부터 고려해야 할 것

1) 직업 전망과 시장

많은 여성들이 한 직장에서 1년 반에서 2년 반 정도를 보낸 후에 다른 분야로 이직을 고려한다고 한다. 실제로 새로운 분야로 이직하는 데 약 수개월에서 일 년 정도 걸린다. 이직을 위해서는 현실을 꼼꼼히 확인해야 한다. 구인 광고란을 보고 당신에게 맞는 자리를 찾아보는 거다. 스스로 현재 시장에 대한 감각을 키워야 한다. 직업상담 전문가나 동료와 함께 의논하는 것도 좋다.

2) 웰빙과 건강

앞에서 다룬 '스트레스 자가진단'으로 당신의 스트레스 상태를 점검하라. 당신의 신체적, 정신적, 감정적 상태가 어느 정도인가? 이것이 무엇을 뜻하는가? 직장을 그만둘지에 대한 선택과는 상관없이 웰빙과 건강 관리 계획은 미리 짜두어야 한다. 현재 어떤 부분을 잘 관리하고 있으며, 앞으로 개선해야 할 부분은 무엇인가?

3) 재정 상태

현재의 재정 상태를 돌아보자. 당신의 자산, 빚, 소비 습관은 어떠한가? 당신에게 정말 중요한 재정적 사안은 무엇인가? 대출금을 갚아야 하는 상태라면, 부업을 하거나 생활방식에 변화를 줘야 할 상황이 아닌지 되짚어보자. 이런 식으로 재정 상태의 핵심을 파악해라. 생활 유지를 위해 필요한 최소 수입은 얼마인가?

4) 직업 재훈련

현재와 비슷한 일자리를 찾기 어렵다면 다른 분야에 대한 직업 훈련이 필요할지도 모른다. 아니면 지금의 능력을 향상시키는 것도 방법이다. 관련 분야의 공부를 더 하는 건 언제나 유익하다. 더불어 인맥을 넓히는 것도 커리어를 쌓는 데 큰 도움이 된다.

5) 안정성

어떤 여성에게는 직업의 안정성이 가장 중요한 문제다. 다른 직장을 잡아놓지 않고 홀연히 떠나는 게 무척 불안하기 때문이다. 그런가 하면 마음을 먹자마자 뒤돌아보지 않고 재깍 직장을 그만두는 여성도 있다. 안정된 직장을 떠나는 게 그녀와 함께 일하는 것보다 당신을 더 불안하게 하는가? 이 문제에 답할 사람은 오직 당신뿐이다.

6) 나이

당신의 직장 생활에서 나이가 차지하는 비중이 어느 정도인가? 아마 당신이 속한 연령대에 따라 대답이 달라질 것이다. 당신에게 큰 타격이 없는 범위 내에서 새로운 일자리로 이직할 수 있다면 당신의 나이는 문제 되지 않는다. 모든 연령대의 여성들이 직장을 바꿀 수 있다.

7) 후원자

당신의 남편, 부모님, 친구, 동료 등 주변의 인맥들로부터 충분한 지지를 받고 있는가? 최대한 많은 이들로부터 도움을 받을 시스템을 구축하라. 친한 사람들과 항상 충분한 대화를 나누어야 한다. 이야기를 나누다 보면 참신한 아이디어가 떠오르고, 혹은 문제 해결에 결정적인 도움을 받을지도 모른다.

8) 당신의 미래 계획

당신의 행동 패턴을 뒤돌아보라. 3~5년마다 직업을 바꾸지 않았는지? 혹은 항상 새 일자리를 제의받는 편이었는지? 자신이 삶의 어느 단계에 있는지 진지하게 생각하라. 만약 알음알음 직장을 구하는 편이라면 주위 사람들에게 당신이 구직 중이라고 귀띔해주어라. 일자리가 생기면 꼭 알려달라고 하라. 그래서 많은 직장 여성들이 옛 동료나 상사와 좋은 관계를 유지하는 게 중요하다고 말한다. 다양한 구직 정보를 줄지 모르니 말이다. 당신의 관심 인물들이 모이는 장소에 자주 출몰해라. '근접성'이라는 건 고용 기회에서 매우 중요한 요인이다. 연구결과에 따르면 많은 이직이 인맥을 통해 이루어진다고 한다.

9) '그녀'의 미래 계획

당신을 괴롭힌 그녀의 방향을 예의주시하라. 그녀가 다른 곳으로 떠나는 것은 아닐까? 그녀가 그만둘 때까지 버텨볼 수는 없을까?

10) 관심의 분산

만약 직장을 떠나기로 마음먹었다면 당분간 시간제로 일하는 건 어떨까? 혹은 긴 휴가를 떠나 직장 문제로부터 한숨 돌리는 거다. 직장에서 오래 일했을수록, 그녀에게 호되게 당했을수록 긴 회복 시간이 필요하다. 고생한 시간과 회복의 시간이 비례해야 하는 것이다. 만약 직장의 그녀에게 열 달을 시달렸으면 "좀 나아졌는걸"이라고 느끼는 데 열 달이 걸린다.

당신은 '루저loser'가 아니다!

당신이 직장을 그만두게 되더라도 '루저'가 되는 건 아님을 명심하라. 당신은 지금 도망치는 게 아니다. 더 나은 삶을 향해 나아갈 뿐이다.

직장에서 주위를 한번 둘러보자. 당신과 마찬가지로 다른 직원들 모두 스트레스에 시달리는가? 그렇다면 앞으로도 상황이 나아질 가능성은 별로 없다. 그냥 떠나는 것이 오히려 더 지각 있는 일인지도.

직장을 떠나든 남아있든 당신을 위한 최선의 결정을 하고, 앞을 향해 전진하라. 필자가 상담하면서 만난 한 여성은 여태껏 자신의 인생에 후회는 없었다고 자신 있게 말했다. 가끔은 유턴이나 지그재그, 미로, J 곡선, S 곡선 등을 걸어오긴 했지만, 그래도 계속 앞으로 나아갔다는 것이다. 당신도 그렇게 살 수 있다고 믿어 의심치 않는다.

03

자주 묻는 질문 FAQ

다음은 심리 상담을 통해 나쁜 그녀로부터 괴롭힘을 당한 여성들에게 받은 질문과 답변들이다. 이를 읽어보면 반복되는 시나리오가 당신의 상황과 완벽히 일치하지는 않을 것이다. 하지만 전반적으로 당신에게 도움이 되는 충고임은 틀림없다.

Q 아무런 대책 없이 직장을 그만뒀어요. 사람들에게 뭐라고 말하죠?

A 당신이 '실직 상태'라고 사람들에게 말하고 다닐 필요는 없다. '실직'은 '퇴직'과 같이 고리타분한 느낌을 주는 말이다. 사람들에겐

그저 휴식을 취한다거나, 삶을 돌아보는 시간을 갖는 중이라고 하면 된다. 물론 그들이 당신이 직장을 그만둔 자초지종을 알고 있다면 "일자리를 찾는 중이에요"라고 말하면 될 것이다. 다만, 친한 친구나 가족을 제외하고는 어떤 경우에도 이전의 직장을 나쁘게 말하는 건 삼가야 한다. 당신을 항상 남을 비난하는 불평론자로 오해하면 곤란하니까.

Q 면접을 본 지 너무 오래됐어요. 예전에 가졌던 자신감도 사라졌고요. 어디서부터 시작해야 할까요?

A 멘토나 코치, 상담사와 심리학자들이 당신의 면접 준비 과정에 대해 조언해줄 수 있을 것이다. 만약 면접을 봤는데 구직에 실패했다면 지금까지 본 모든 면접이 일자리를 얻는 데 한 걸음 더 다가가는 과정이라고 생각하자. 면접을 하나의 기회로 삼는 거다. 면접을 통해 많은 것을 배우고 연습하면 인터뷰 능력은 점차 좋아진다. 전문가와 상담하면서 업무 성과에 대한 통찰력을 기르는 것도 중요하다.

면접 때 좋은 인상을 심어주려고 너무 애쓰지 않아도 된다. '번지르르한 지원자'로 보일 필요는 없다. 좀 더 자연스러운 당신의 모습을 보여라. 당신의 가장 자신감 넘치는 모습을 보이면 된다.

Q 방금 직장을 그만뒀어요. 바로 다른 직장으로 가야 할까요?

A 당신이 사무실의 나쁜 그녀와 오랫동안 옥신각신하다가 후딱 새 직장으로 옮긴다면, 주변의 세심한 친구들은 당신이 '맨땅에 헤딩' 하고 있다고 염려할 것이다.

이렇게 생각해보라. 당신은 이미 옛 직장에서 충분히 괴로움을 겪었다. 그런 안 좋은 기억들이 있기에 당신은 이제 자신이 바라는 게 무언지 명확히 알 것이다. 새로운 일자리가 들어왔을 때 당신에게 맞는 직업인지 아닌지 구별하는 안목도 생겼을 것이다.

만약 당신의 재정적 상황이 그런대로 괜찮고, 다른 직장을 갖기 전에 잠시 휴식하면서 활력을 되찾고 싶다면 그러는 것도 좋다. 많은 직장 여성들이 새로운 일자리를 탐색하기 위해 약 1~3개월 정도는 심신을 회복할 시간을 가진다고 한다. 바로 다른 직장이 생겨서 옮겨야 하더라도 약 1~2주 정도는 휴식시간을 갖도록 자신과의 타협을 시도하라. 재충전의 기회가 필요할 테니까.

Q 이직하고 싶은데 새 직장을 알아보려면 눈치 보일 것 같아요. 어떡하죠?

A 우선 당신이 구직 중이란 사실을 주변에 알리지 마라. 그리고 직장 내의 정보와 자원을 바탕으로 구직활동을 할 생각은 마라. 나

쁜 그녀가 당신이 무엇을 하는지 눈치채면 큰일이다. 당신이 근무 시간에 사적인 업무를 본다고 정당하게 불평할 빌미를 주는 셈이니까. 당신이 업무조차 제대로 안 한다고 의심할지도 모른다. 그러면 그녀가 당신에 대해 여태껏 불평한 게 정당하게 되어버린다.

인사 담당자나 헤드헌터를 만날 때는 근무 이외의 시간으로 약속을 잡는 게 좋다. 어찌 됐든 현재의 직장에 거짓말을 둘러대는 건 바람직하지 못하다. 이미 '거짓말하는 그녀'의 거짓말에 신물이 나 있는 당신이 아닌가. 아니면 면접을 위해 휴가를 하루 내라. 구직을 현재의 업무와 완전 별개의 것으로 분리해야 한다.

당신의 동료가 당신의 페이스북이나 트위터를 본다는 사실을 잊으면 안 된다. 행여라도 회사나 직장 상사에 대한 부정적인 멘트는 올리지 말 것. 평상시에도 사람들에게 웃기는 이메일을 전달하는 것도 되도록 삼가야 한다. 당신이 진중하다는 것을 보여줘야 할 테니까.

Q 직장을 그만두면서 뭐라고 해야 할까요?

A 당신이 직장을 그만두려고 한다면 당신의 직속상사에게 먼저 이야기하라. 그리고 사직서에 긍정적인 내용을 담아라. 혹시 옛 직장으로부터 추천서를 받을 일이 생길지도 모르는 게 아닌가.

직장을 그만두고 다른 회사에서 면접을 볼 때, 이것만큼은 반드시 기억하라. 절대 '그녀'에 대해 나쁜 말을 해서는 안 된다. 만약 "왜 직장을 그만둔 거죠?"라고 추궁하면 이렇게 말하라. "저와 성향이 다른 직원과 일하는 것도 의미 있는 경험이었어요. 하지만 이제는 좀 더 마음이 맞는 사람과 일하고 싶습니다"라고. 혹은 "제 경력을 발전시키기 위해서 이직하려고 해요"라든가 "이전의 상사와 제 업무 방식이 조금 달랐어요. 이제는 저의 부족한 점을 보완하려면 무엇이 필요한지 확실히 알아요. 이곳을 미리 조사해봤는데 저와 잘 맞을 것 같은 사람들이 많더군요. 분명 서로에게 이득이 되는 관계가 될 거라고 자부합니다"라고 말하는 것이 좋다.

정 그녀에 대해 언급하고 싶으면 "그저 성격 차이가 좀 있었어요" 정도만 해두어라. "전 까다로운 사람에게 맞춰서 업무를 진행하는 능력이 뛰어나요. 하지만 여기와 같은 협력적인 분위기에서도 꼭 일을 해보고 싶습니다"라고 해도 좋다. 요즘은 까다로운 동료나 상사에게 맞서서 일하는 능력도 재능이라고 본다. 특히 같은 분야에서는 소문이 쉽게 퍼져서 당신을 괴롭힌 '그녀'에 대해 이미 알고 있을지도 모른다. 그러니 당신이 이전의 직장에서 오래 버텼다는 것만으로 상을 받을 일이다. 세련된 면접관이라면 당신이 한 말보다 '하지 않은 말'로부터 더 많은 정보를 유추한다는 사실을 알아둬라.

Q 제 업무 실적이 갈수록 저조해져요. 어떻게 해야 할까요?

A 업무 실적이 떨어져서 걱정되는가? 그렇다면 동료나 친구, 가족에게 도움을 구하는 것은 어떨까? 직장에 믿을 만한 동료가 있으면 "요즘 좀 힘든 시기를 보내고 있어요"라고 귀띔하는 것도 좋다. 혹시나 실수를 해도 상대방이 '곧 상황이 나아지겠지' 하고 생각하게끔 말이다.

그리고 절대 조급해하지 마라. 항상 업무 실적이 좋을 수는 없다. 마음의 여유를 가지고 휴식을 취하라. 기분을 북돋게 할 방법은 많다. 마음을 차분히 가라앉히기 위해 잠깐 약물치료를 받는 것도 괜찮다. 약물치료로 인해 덜 우울하고 덜 불안한 상태가 된다면 새로운 전략을 모색하는 방법도 잘 터득하게 될 것이다. 만약 우울한 기분이 계속되면 주저하지 말고 정신과 의사를 찾아라.

Q 회사에 젊은 여직원 한 명이 있는데 하라는 일은 안 하고 남자 상사와 노닥거리기만 해요. 상사는 그녀가 일을 제대로 안 하는 걸 모르고요. 나머지 직원들이 그녀의 업무까지 하느라 팔을 걷어

붙이고 있는 상황이죠. 저는 애써 담담한 척해요. 불평이라도 했다가 직장을 잃을까 봐 겁나거든요. 계속 모르는 척해도 괜찮을까요?

A 상당히 까다로운 상황이다. 이럴 때는 그녀를 감싸는 걸 멈추어야 한다. 그녀의 밀린 업무를 해주는 것도 그만둬야 한다. 만약 상사가 왜 이런저런 업무가 제대로 마무리되지 않았느냐고 물어보면 당신은 그저 맡은 일을 성실히 수행했다는 사실만 확인시켜 주면 된다.

그런데도 상사가 당신에게 그녀의 업무까지 하라고 닦달한다면? 그렇다면 지금 당신이 맡은 업무 중 하나는 그만둬야 그 일을 할 수 있다고 말하라. 이때 당신의 업무 스케줄을 적어놓은 달력을 보여주는 게 좋다. 당신이 빈틈없이 일하고 있다는 느낌을 주는 거다. 그러면서 "저도 왜 그 업무가 제대로 안 되고 있는지 모르겠어요"라고 말하는 것도 좋은 방법이다. 그래야 그 업무에 대해 책임을 물을 진짜 대상을 색출할 테니 말이다.

Q 전 한 직장에서 계속 계약직로 일했어요. 그런데 최근에 들어온 상사가 계약직 직원에 대해 상당히 부정적이에요. 정말 열심히 일하는데도 불구하고 저를 내보내려는 것 같아요.

A 알다시피 계약직 직원은 근무시간 대비 일 효율이 높고 꾸준히 좋은 실적을 낸다. 일자리를 유지하려는 의지가 강하고, 여러 문제를 동시에 해결하는 능력이 뛰어나기 때문이다.

그럼에도 불구하고 필자는 계약직 직원이 겪는 고충과 작업상의 불이익을 들을 때마다 적잖이 당황스럽다. 이들은 실적이 뛰어난 경우가 매우 많기 때문이다.

새로운 상사가 계약직 직원을 푸대접하면 적극적으로 나서서 문제를 제기하라. 구체적으로 어디가 문제인지 말해달라고 부탁하는 거다. 이를 반박할 증거도 마련해두어라. 문제가 돌이킬 수 없는 상황으로 치닫기 전에 오해를 풀고 이를 해결해야 한다.

그래도 그녀의 태도가 석연치 않으면 다른 관리자와 대화를 시도하라. 혹은 그녀가 이전에도 계약직 직원과 마찰을 일으킨 적이 없는지 주변에 물어보아라. 그 때문에 당신을 오해하고 있는 건 아닐까?

Q 업무가 너무 지루해서 고민이에요. 근데 상사가 맡은 업무를 몇 번 도와주고 보니 제 적성에도 잘 맞고, 이 분야로 인정받고 싶어졌어요. 그런데 어디서부터 시작해야 할지 모르겠어요.

A 그녀가 좋은 상사라면 당신의 경력이 발전하도록 도울 것이다. 하

지만 그저 그런 상사라면 당신이 업무를 공짜로 도와주는 셈이니 오히려 자신을 포장하는 데 이용할 것이다.

그렇다면 적극적으로 나서서 업무에 대한 책임을 더 맡아도 되겠느냐고 물어보아라. 하지만 말을 잘해야 한다. “제 업무가 너무 지루해서요. 상사님이 하시는 일을 좀 맡고 싶어요”라고 말하는 것은 절대 금물이다. 그 대신 이렇게 말하는 거다. “상사님이 제게 멘토링을 잘해주셔서 지금 제 능률이 한껏 올라있는데, 추가로 일감을 더 맡고 싶어요. 뭐 좀 도와 드릴 일이 없을까요?” 이렇게 다른 일감이 없느냐고 묻는 거다.

또 중간 목표를 세워두는 것도 도움이 된다. 예를 들어 특정 자격증을 따는 것이다. 그러면 그 자격증에 맞는 일을 해보고 싶다고 말하기가 수월할 테니까. 또 그렇게 하면 부서와 회사 전체의 방향성, 당신의 실적 목표에 맞겠는지에 대한 의견도 물어라.

경력의 방향을 바꾸고 싶은데 현재의 직장에서 기회가 없다면 다른 분야의 회사로 옮기는 것도 고려해야 한다.

Q 제 직속 상사가 다른 부서로 승진해 직책을 옮겨갔어요. 그런데 그 후임 자리를 공고에 올린 거예요. 저에게 지원하겠느냐고 물어보지도 않고요. 정말 맥이 빠져요. 제가 마음이 들지 않아서 그런

결정을 내린 건 아닐까요?

A 먼저 다음과 같은 질문을 자신에게 던져보자. 당신이 그 직책에 관심 있었다는 사실을 직장에서 알고 있는가? 자신이 생각하기에 그 직급에 필요한 능력과 경험은 충분한가? 혹시 너무 급격한 변화는 아닐까? 이런 질문을 해야 하는 이유는 당신이 그 자리를 꿈꾸고 있다는 사실을 직장에서는 모를 수 있기 때문이다. 확실히 논의하지 않은 이상, 다른 사람도 다 알 거라는 짐작을 해서는 안 된다. 대화를 시도하라.

그녀에게 왜 그 직책에 대해 이야기를 꺼내지 않았냐고 물어보라. 당신에게 그 이야기를 꺼내지 않은 이유는 여러 가지가 있을 수 있다. 사내 규칙이거나, 회사 측의 간과, 무지, 소통의 부족 때문일지도 모른다. 혹은 당신이 자격 미달이라고 생각할 수도 있다. 그렇더라도 비참함을 떨쳐버리고 물어보아라. 밑져야 본전이니까. 뜻밖에 아무 생각이 없었는지도 모르는 일이다. 내부지원자가 있다는 사실에 기뻐하면서 물 흐르듯 자연스럽게 당신에게 그 직급을 인수인계할 수도 있는 일이다.

물어보지 않으면 오해와 분노만 쌓인다. 그러면 당신의 직업 만족도는 추락하고 상사와의 관계도 틀어질 수 있다.

그리고 가능하다면 당당하게 그 직책에 지원하라. 혹시 그 직책에 완벽하게 들어맞는 다른 지원자가 나타날지도 모르지만 그래도 시도 자체가 중요하다. 계속 노력하고 끊임없이 주변의 의견을 수렴하라. 그렇게 준비하는 동안 당신에게 부족한 자질이 무엇인지 알게 되고, 이를 개선하여 다음 해에 다시 도전하면 된다.

순간의 분노에 이끌려 사직서를 내면 안 된다. "저를 한 번 더 믿어주세요"라는 듯이 당당하게 굴어라. 끊임없이 연습하고 준비하라. 당신이 적임자라면 언젠가는 그 직책을 반드시 따낼 수 있다. 만약 실패하더라도 그 직책을 맡은 후임을 따뜻하게 맞아라. 당신도 그 '나쁜 그녀'처럼 되고 싶지 않다면 말이다.

Q 동료 중에 '나쁜 그녀'가 한 명 있어요. 제가 그녀의 행동이 얼마나 어처구니없는지 지적해도 될까요?

A 누군가 큰맘 먹고 '나쁜 그녀'의 잘못을 지적하면 어떻게 될까? 지적을 받은 그녀는 큰 충격에 빠질 수 있다. 여태껏 아무에게도 그런 지적을 받아보지 못했다면 말이다. 즉, 그녀는 스스로 자신의 못된 행동을 자각하지 못한 거다. 따라서 이런 경우에는 의외로 간단한 지적만으로 상황이 개선되기도 한다.

하지만 지적을 듣고도 어찌해야 할지 감을 못 잡는 그녀들도 수두룩하다. 아무리 설명을 해줘도 자신의 부적절함을 인정하기는

커녕 무엇이 문제인지도 모른다. 사회성이 떨어지다 보니 남의 지적 따위는 거들떠보지도 않는 것이다.

그녀의 행동을 지적하기로 마음먹었다면 지나치게 감정적이 되지 않도록 미리 할 말을 연습하는 게 좋다.

누구도 엿듣거나 방해하지 못할 장소를 잡아라. 그리고 그녀에게 부서 전체의 업무 현황과 그녀가 업무에 기여한 것이 무엇인지 의견을 물어보라. 자신이 다른 직원에게 어떤 영향을 미치는 것 같은지도. 그러고 나서 당신이 그녀의 행동을 어떻게 보는지, 그 행동의 결과가 어떤지에 대해서 적절한 증거를 제시하며 구체적으로 설명하라. 목소리에 최대한 객관성을 실어야 한다. 그리고 그녀가 태도를 바꾸면 어떤 이점이 생길지에 대한 이야기도 빼놓지 마라. 물론, 이런 문제를 제기함으로써 당신에게 어떠한 불이익도 생기지 않을 거라는 확신이 서야 한다.

참고 문헌

Akhtar, Salman, *Broken Structures: Severe Personality Disorders and Their Treatment*, Jason Aronson, USA, 1992

Aron, Elaine N., *The Highly Sensitive Person: How to Thrive When the World Overwhelms You*, Carol Publishing, USA, 1996

Berke, Joseph H., *The Tyranny of Malice: Exploring the Dark Side of Character and Culture*, Simon & Schuster, Australia, 1989

Cairnes, Margot, Staying Sane in a Changing World, Simon & Schuster, Australia, 2003.

Clarke, John, *Working with Monsters*, Random House, Australia, 2005.

Delunas, Eve, *Survival Games Personalities Play* , Sunflower, USA, 1992.

Fisher, Helen, *The First Sex*, Random House, Australia, 1999.

Fuller, Meredith, *Love@Work: Doing Beloved Work: Finding Truth in Your Career*, Management Press, John Whiley& Sons, Australia, 2006.

Gilligan, Carol, *In a Different Voice: Psychological Theory and Women's Development*, Havard University Press, USA, 1993

Jacoby, Mario, *Individuation&Narcissism: The Psychology of Self in Jung&Kohut*, Routledge, UK, 1990.

Jung, C.G., *The Archetypes and the Collective Unconscious* 2nd edition, Routledge, UK, 2009.

Kolbenschlag, Madonna, *Lost in the Land of Oz: Befriending Your Inner Orphan and*

Heading for Home, Harper & Rowe, USA, 1988.

Lerman, Hannah, *Pigeon Holing Women's Misery: A History and Critical Analysis of the Psychodiagnosis of Women in the Twentieth Century*, Basic Books, USA, 1996.

Maushart, Susan, *What Women Want Next*, Text Publishing, Ausatrailia, 2005.

Mitchell, Susan(ed.), *Tall Poppies: Successful Australian Women Talk to Susan Mitchell*, Penguin Books, Australia, 1984.

Naranjo, Claudio, *The End of Patriarchy and the Dawning of a Tri–une Society*, Dharma Enterprises, USA, 1994.

Nelson–Jones, Richard, *Theory and Practice of Counselling&Therapy*, 5the edition, Sage Publications, 2011.

Oakes, Len, *The Charismatic Personality*, Australian Academic Press, Australia, 2010.

Restall Orr, Emma, *Kissing the Hag: the Dark Goddess and the Unacceptable Nature of Women*, O Books, UK, 2009.

Robinson, Bryan E., *Work Addiction, Health Communications*, USA, 1989.

Rowe, Dorothy, *Friends and Enemies: Our Need to Love and Hate*, HarperCollins, UK, 2000.

Showalter, Elaine, *Hystories: Hysterical Epidemics and Modern Culture*, Columbia University Press, USA, 1997.

Tacey, David, *Gods and Diseases: Making Sense of Our Physical and Mental Wellbeing*, Harper Collins, Australia, 2011.

Trinca, Helen and Fox, Catherine, *Better than Sex: How a Whole Generation Got Hooked on Work*, Random House, Australia, 2004.

Tuby, Molly(ed.), *In the Wake of Jung: a Selection from Harvest*, Coventure, UK, 1983.

Ulanov, Ann Belford, *Receiving Woman: Studies in the Psychology and Theology of the Feminine*, Westminster Press, USA, 1981.

Ulanov, Ann and Barry, *Cinderella&Her Sisters*, Westminster Press, USA, 1983.

Ulanov, Ann and Barry, *The Witch and the Clown: Two Archetypes of Human Sexuality*, Chiron Publications, USA, 1987.

von Franz, Marie-Loise, *The Feminine in Fairy Tales*, Spring Publications, USA, 1988.

Walters, Stan B., *The Truth about Lying: How to Spot a Lie and Protect Yourself from Deception*, Sourcebooks, USA, 2000.

Wilkinson, Tanya, *Medea's Folly: Women, Relationships, and the Search for Intimacy*, PageMill Press, USA, 1998.

Wilkinson, Tanya, *Persephone Returns: Victims, Heroes and the Journey from the Underworld*, PageMill Press, USA, 1996.

Wills, Christopher, *Children of Prometheus: The Accelerating Pace of Human Evolution*, Penguin Books, UK, 1998.

Wolf, Steve and Zwieg, Connie, *Romancing the Shadow: Illuminating the Dark Side of the Soul*, HarperCollins, Austraila, 1997.

Wurtzel, Elizabeth, *Bitch*, Quartet Books Ltd, UK, 1998.

나쁜
그녀들의
심리학

글 | 메레디스 풀러
옮김 | 이현정

초판 1쇄 발행 | 2013년 6월 17일

편집위원 | 박영배
펴낸이 | 박서경
펴낸곳 | (주)맥스교육(맥스미디어)
출판등록 | 2011년 08월 17일(제 321-2011-000157호)
주소 | 서울특별시 서초구 양재동 275-1 삼호물산 빌딩 A동 4층
전화 | 02-589-5133(대표전화)
팩스 | 02-589-5088
홈페이지 | www.maksmedia.co.kr

기획 · 편집 | 박채은 강찬양 백지영
디자인 | 이경미
영업 · 마케팅 | 김찬우 이인국
경영지원팀 | 장주열 김란
인쇄 | 삼보아트

Photo Credit ⓒ Grachikova Larisa/shutterstock.com
Cover / p.19, 177, 233

ISBN 978-89-97449-54-5 03180
정가 13,800원

*잘못된 책은 바꾸어 드립니다.